Jean-EL-Price Byenda Muhanya

À QUI APPARTIENT L'ÉGLISE? À DIEU OU AU PASTEUR?

Jean-EL-Price Byenda Muhanya

À QUI APPARTIENT L'ÉGLISE? À DIEU OU AU PASTEUR?

Éditions Croix du Salut

Imprint
Any brand names and product names mentioned in this book are subject to trademark, brand or patent protection and are trademarks or registered trademarks of their respective holders. The use of brand names, product names, common names, trade names, product descriptions etc. even without a particular marking in this work is in no way to be construed to mean that such names may be regarded as unrestricted in respect of trademark and brand protection legislation and could thus be used by anyone.

Cover image: www.ingimage.com

Publisher:
Éditions Croix du Salut
is a trademark of
Dodo Books Indian Ocean Ltd. and OmniScriptum S.R.L publishing group

120 High Road, East Finchley, London, N2 9ED, United Kingdom
Str. Armeneasca 28/1, office 1, Chisinau MD-2012, Republic of Moldova, Europe
Managing Directors: Ieva Konstantinova, Victoria Ursu
info@omniscriptum.com

Printed at: see last page
ISBN: 978-620-8-86357-9

INTRODUCTION GÉNÉRALE

L'Église locale est le cœur du plan de Dieu pour manifester sa gloire dans le monde. C'est un lieu de communion, d'adoration, et de mission, où les croyants grandissent ensemble sous la direction de Jésus-Christ, la tête de l'Église (**Colossiens 1.18**). Pourtant, une question cruciale se pose : **À qui appartient l'Église ? À Dieu ou au Pasteur ?** Trop souvent, des pasteurs, par orgueil, insécurité, ou méprise, se sont approprié l'Église, agissant comme des propriétaires plutôt que des intendants au service de Christ. Ces dérives humaines – autoritarisme, esprit de contrôle, sectarisme, mauvaise gestion – ont opprimé le peuple de Dieu, étouffé les dons spirituels, et parfois même conduit à la perte de la Présence divine.

Ce livre est un appel vibrant à répondre à cette question et à rendre l'Église à son Propriétaire légitime, Jésus-Christ. À travers une analyse rigoureuse des Écritures, des exemples concrets, et des applications pratiques, nous explorerons les dérives qui détournent l'Église de Christ, leurs conséquences spirituelles, les solutions bibliques pour les surmonter, et les étapes pour une réforme durable. Notre objectif est d'équiper pasteurs, responsables, et croyants pour restaurer l'Église locale comme un lieu où Christ est exalté, le Saint-Esprit agit librement, et le peuple de Dieu prospère dans l'unité et la mission. Ce voyage exige humilité, repentance, et obéissance, mais il est porté par la promesse de **Matthieu 16.18** : « *Je bâtirai mon Église, et les portes du séjour des morts ne prévaudront point contre elle.* »

1.- Structure du livre

Le livre est organisé en quatre parties, comprenant 15 chapitres, qui tracent un chemin depuis la reconnaissance de la Seigneurie de Christ jusqu'à la vision d'une Église réformée :

- Partie I : Une Église à Christ – Une vérité oubliée (Chapitre 1) : Le chapitre d'ouverture pose la question fondamentale : À QUI APPARTIENT L'ÉGLISE ? À DIEU OU AU PASTEUR ? Il établit la Seigneurie de Christ et dénonce l'appropriation humaine, jetant les bases du livre.
- Partie II : Les Dérives humaines dans l'Église locale (Chapitres 2–6) : Ces chapitres analysent les dérives où le pasteur usurpe la place de Christ : l'appropriation autoritaire (Chapitre 2), ses conséquences spirituelles (Chapitre 3), l'esprit de contrôle (Chapitre 4), le glissement vers le sectarisme (Chapitre 5), et la perte de la Présence divine (Chapitre 6). Ils confrontent les réalités douloureuses pour souligner l'urgence de la réforme.
- Partie III : Les Solutions face aux dérives humaines (Chapitres 7–12) : Face aux dérives, les Écritures offrent des solutions. Cette partie présente le modèle biblique de gouvernance partagée (Chapitre 7), l'exemple du Branham Tabernacle (Chapitre 8), le rôle du pasteur comme berger (Chapitre 9), la gestion financière transparente (Chapitre 10), la clarification que le pastorat n'est pas héréditaire (Chapitre 11), et la collaboration avec les ministres de l'Évangile (Chapitre 12). Ces chapitres équipent pour un leadership fidèle à Christ.
- Partie IV : Pour une réformation locale (Chapitres 13–15) : Cette partie transforme les solutions en un appel à la réforme : revenir au modèle biblique (Chapitre 13), restituer l'Église à Christ par la repentance et la libération (Chapitre 14), et ancrer la réforme

dans la prière, l'enseignement, et la Parole (Chapitre 15). Elle offre une feuille de route pour une Église vivante.

La conclusion générale synthétise ces thèmes, répondant avec force : l'Église appartient à Christ, et appelle à une mobilisation collective pour la réforme.

2.- Pourquoi ce livre, et pourquoi maintenant ?

Dans un monde marqué par la confusion spirituelle, la méfiance envers les institutions, et les scandales ecclésiastiques, la question À QUI APPARTIENT L'ÉGLISE ? est plus pertinente que jamais. **Apocalypse 2.5** nous exhorte : *« Souviens-toi donc d'où tu es tombé, repens-toi, et pratique tes premières œuvres.* » Ce livre s'adresse à pasteurs confrontés à l'autoritarisme, à responsables cherchant l'intégrité, et à croyants aspirant à une Église libre et dynamique. En s'inspirant des Écritures et d'exemples comme le Branham Tabernacle, il propose un chemin de restauration. Que ce livre soit un catalyseur pour rendre à Christ ce qui est à Christ, pour la gloire de Dieu et le salut des nations.

3.- Bases bibliques

a) Paissez le troupeau de Dieu qui est sous votre garde, non par contrainte, mais volontairement

1 Pierre 5.1-3 : *« Voici les exhortations que j'adresse aux anciens qui sont parmi vous, moi ancien comme eux, témoin des souffrances de Christ, et participant de la gloire qui doit être manifestée: Paissez le troupeau de Dieu qui est sous votre garde, non par contrainte, mais volontairement, selon Dieu; non pour un gain sordide, mais avec dévouement; non comme dominant sur ceux qui vous sont échus en partage, mais en étant les modèles du troupeau. »*

b) Sur cette Pierre je bâtirai mon Église

Matthieu 16.17-19 : *« Jésus, reprenant la parole, lui dit: Tu es heureux, Simon, fils de Jonas; car ce ne sont pas la chair et le sang qui t'ont révélé cela, mais c'est mon Père qui est dans les cieux. Et moi, je te dis que tu es Pierre, et que sur cette pierre je bâtirai mon Église, et que les portes du séjour des morts ne prévaudront point contre elle. Je te donnerai les clefs du royaume des cieux: ce que tu lieras sur la terre sera lié dans les cieux, et ce que tu délieras sur la terre sera délié dans les cieux. »*

c) Christ, le Chef

Éphésiens 4.11-15 : *« Et il a donné les uns comme apôtres, les autres comme prophètes, les autres comme évangélistes, les autres comme pasteurs et docteurs, pour le perfectionnement des saints en vue de l'œuvre du ministère et de l'édification du corps de Christ, jusqu'à ce que nous soyons tous parvenus à l'unité de la foi et de la connaissance du Fils de Dieu, à l'état d'homme fait, à la mesure de la stature parfaite de Christ, afin que nous ne soyons plus des enfants, flottants et emportés à tout vent de doctrine, par la tromperie des hommes, par leur ruse dans les moyens de séduction, mais que, professant la vérité dans la charité, nous croissions à tous égards en celui qui est le chef, Christ. »*

d) Veuillez sur le troupeau pour paître l'Église du Seigneur

Actes 20.28-30 : *« Prenez donc garde à vous-mêmes,* ***et à tout le troupeau sur lequel le Saint Esprit vous a établis évêques, pour paître l'Église du Seigneur, qu'il s'est acquise par son propre sang****. Je sais qu'il s'introduira parmi vous, après mon départ, des loups cruels qui n'épargneront pas le troupeau, et qu'il s'élèvera du milieu de vous des hommes qui enseigneront des choses pernicieuses, pour entraîner les disciples après eux. »*

e) Et comment y aura-t-il des Prédicateurs, s'ils ne sont pas envoyés?

Romains 10.13-15 : *« Car quiconque invoquera le nom du Seigneur sera sauvé. Comment donc invoqueront-ils celui en qui ils n'ont pas cru? Et comment croiront-ils en celui dont ils n'ont pas entendu parler? Et comment en entendront-ils parler, s'il n'y a personne qui prêche? Et comment y aura-t-il des prédicateurs, s'ils ne sont pas envoyés? selon qu'il est écrit: Qu'ils sont beaux Les pieds de ceux qui annoncent la paix, De ceux qui annoncent de bonnes nouvelles! »*

f) Jésus-Christ est la Pierre principale de l'angle et sur lui, tout l'édifice est bâti

Éphésiens 2.20-22 : *« Vous avez été édifiés sur le fondement des apôtres et des prophètes, Jésus Christ lui-même étant la pierre angulaire. En lui tout l'édifice, bien coordonné, s'élève pour être un temple saint dans le Seigneur. En lui vous êtes aussi édifiés pour être une habitation de Dieu en Esprit. »*

g) Si quelqu'un remplit un ministère, qu'il le remplisse selon la force que Dieu communique

1 Pierre 4.10-11 : *« Comme de bons dispensateurs des diverses grâces de Dieu, que chacun de vous mette au service des autres le don qu'il a reçu, Si quelqu'un parle, que ce soit comme annonçant les oracles de Dieu; si quelqu'un remplit un ministère, qu'il le remplisse selon la force que Dieu communique, afin qu'en toutes choses Dieu soit glorifié par Jésus Christ, à qui appartiennent la gloire et la puissance, aux siècles des siècles. Amen! »*

4.- Le diagnostic du Prophète William Marrion Branham

a) Peu importe ce que votre pasteur dit, c'est ce que la Parole de Dieu dit qui compte

65-0418M — C'EST LE LEVER DU SOLEIL

152 Eh bien, vous dites : "Eh bien, je vais vous dire quelque chose. Mon pasteur..." Peu m'importe ce que votre pasteur a dit; c'est ce que la Parole dit! Si vous voulez être un poulet, restez avec eux. Mais si le pasteur dit autre chose que cette Parole, alors il n'est pas un nourrisseur d'aigles; non, il est un nourrisseur de poules, voyez-vous, et non d'aigles. Voyez? L'Aigle mange la Nourriture des aigles. Voyez? Cela vivifie!

b) Des pasteurs faisant des compromis aimant leur position et leur gagne-pain plus que la vérité de la Parole

57-0613 - DIEU TIENT SA PAROLE

18 Le diable a tiré cela du cinéma et l'a introduit directement dans votre maison, des programmes non censurés à la télévision ; toutes sortes de mondanité ; la faiblesse à la chaire ; ***les pasteurs qui font des compromis avec les choses du monde, aimant leur position et leur gagne-pain plus que le fait de prendre position et de dire la vérité au sujet de la Parole de Dieu. Et avec ça, cela a entraîné l'église dans le chaos, et cela nous a séparés et divisés, et nous sommes tellement dans le monde qu'on a du mal à nous reconnaître les uns les autres.***

19 ***Et nos sermons ne sont plus basés sur la Parole. D'habitude, à une chaire moderne, c'est au sujet de qui sera le prochain président, ou de quelques jolies roses quelque part, ou un programme ; on congédie l'église tôt afin que les gens aillent suivre un certain programme ; si vous prêchez plus de vingt minutes, on vous excommunie.***

20 ***Ce qu'il nous faut, c'est une réunion de prière à l'ancienne mode qui dure toute la nuit, retourner à Dieu et ôter de la chaire de telles choses qui appartiennent au monde.***

21 ***Je ne condamne pas un pécheur à cause de la façon dont il se comporte. C'est un pécheur, il n'y peut rien. Mais ces gens qui prétendent être des chrétiens, et qui vivent ensuite dans le péché, c'est ceux que nous visons.***

c) Ce n'est pas nous qui prêchons. C'est le Saint-Esprit qui parle

53-0601 – FAITES CE QU'IL VOUS DIRA

14 Eh bien, sur l'estrade, quand le Saint-Esprit parle, et Il parle au travers des lèvres mortelles, Il fait toujours... ***Je pense que ceux qui sont derrière moi sont des prédicateurs. Et, mes frères, vous n'avez jamais prêché un sermon dans votre vie, c'est le Saint-Esprit qui l'a prêché au travers de vous****. C'est vrai. Voyez ? Voyez-vous cela ? Voyez ?* ***Ce n'est pas nous qui prêchons. C'est le Saint-Esprit qui parle****. Oh ! Nous pouvons écrire quelque chose et le lire, mais ce n'est pas cela–cela prêcher. Prêcher, c'est quand l'inspiration vient et (Voyez ?) et c'est prêché par l'inspiration, et c'est le Saint-Esprit qui donne l'onction.*

Eh bien, nous pouvons lire quelque chose et cela ne produit rien ; mais quand le Saint-Esprit s'en empare et l'apporte au peuple, alors quelque chose s'ancre. Voyez ? Et c'est le Saint-Esprit. Ce n'est pas votre pasteur qui prêche ; c'est le Saint-Esprit qui, au travers de votre pasteur, vous prêche, vous donne le message.

d) Certains d'entre eux en arrivent au point où, après avoir rallié leur assemblée à leur cause, ils ont un tel sentiment de sécurité qu'ils pensent qu'ils peuvent même pécher et s'en tirer avec ça

63-1130B — L'INFLUENCE

40 Et une autre chose importante que nous voyons, car je suis conscient que je parle à des ministres ce matin. Et nous voulons...je...quand nous nous présentons devant une assemblée, nous sommes conscients que nous ne nous retrouverons peut-être plus jamais tous ensemble comme nous le sommes ce matin. Alors, Dieu vous tient pour responsable des choses que vous dites. Donc, vous devez venir dans un esprit de prière et demander à Dieu ce qu'il faut dire, et une fois sur l'estrade, vous comptez sur Lui pour apporter quelque chose qui aidera les gens.

41 Nous connaissons tous des hommes qui sont sur le champ de travail aujourd'hui, de grands hommes. Certains d'entre eux en arrivent au point où, après avoir rallié leur assemblée à leur cause, ils ont un tel sentiment de sécurité qu'ils pensent qu'ils peuvent même pécher et s'en tirer avec ça. Nous avons vu des ministres prendre le mauvais chemin. Et, bien des fois, c'est parce qu'ils ont un sentiment de sécurité, ils se disent : "Oh, les gens me laisseront m'en tirer avec n'importe quoi." Les gens pourraient le faire, mon frère, mais Dieu ne le fera pas. Vous voyez, vous aurez à rendre des comptes à Dieu. Vous ne devez jamais chercher, en tant que ministre, chercher à tromper votre assemblée, peu importe combien ils pourraient pousser des cris ou jubiler, ou être tout excités, ou vous passer la main dans le dos, et dire : "Le message est merveilleux."

42 Vous devez être un serviteur de Christ, et demeurer honorable avec cette Parole, parce que cette Parole Se reflétera à travers vous, et vous influencerez quelqu'un qui observe votre vie. C'est pareil pour les jeunes. C'est la même chose pour les hommes d'affaires.

e) Être pasteur d'une église est devenu un gagne-pain, au lieu de penser au Ciel et aux comptes que nous devrons rendre ce jour-là

58-0720M — PAR LA FOI, MOÏSE

86 J'espère ne vexer personne. Mais telle a été la position de trop de prédicateurs : faire des compromis sur l'Évangile, pensant en tirer plus d'argent. [Frère Branham tape trois fois dans ses mains. — N.D.É.] Un gagne-pain! J'aimerais mieux vivre sur une terre desséchée, me nourrir, boire au ruisseau, et me nourrir de crackers, plutôt que de faire un compromis sur ma conviction, ma foi en la Parole du Dieu vivant. Je prendrai ce chemin.

56-0930 - ÉCOUTEZ-LE

28 Mais parfois, les ministres sont… ***Être pasteur d'une église est devenu un gagne-pain, au lieu de penser au Ciel et aux comptes que nous devrons rendre ce jour-là. Nous ferions mieux de prêcher la vérité, car Dieu va… puisqu'Il nous a confié cette grande charge sacrée, Il nous en fera répondre.*** *Si donc vous êtes inspiré…*

Remarquez, le tuteur apportait au père le message, disant : « L'enfant évolue comme il faut ou pas du tout. » Ensuite quand il avait grandi… Eh bien, peu importe ce que les gens du dehors avaient à dire de cet enfant, ce que les serviteurs à la ferme avaient à dire, il cherchait par tous les moyens à plaire au père.

Et peu importe ce que le monde a à dire de vous, travaillez pour plaire à Dieu. Faites tout votre possible pour bâtir le Royaume de Dieu. Ne le divisez pas. Édifiez-le. Ne le divisez pas avec des barrières dénominationnelles. Ne laissez jamais ces petites choses que l'homme a introduites dans l'église briser la fraternité. *Comme vous êtes méthodiste, serrez la main à un baptiste. Comme vous êtes presbytérien, serrez la main à un pentecôtiste.* ***Nous sommes frères.***

Et ne laissez pas les petites barrières de fils barbelés érigées par l'homme vous séparer de la communion des saints du Dieu vivant, qui sont nos frères dans la même précieuse foi.

S'ils n'ont pas le même sentiment que vous, priez alors pour eux, associez-vous à eux, communiez avec eux, et Dieu répandra aussi Son amour dans leurs cœurs.

57-0322 - ÉCOUTEZ-LE

38 Je pense que les prédicateurs en sont arrivés au point où être pasteur consiste plus en un gagne-pain, plutôt qu'en la prédication de l'Évangile de Christ. Eh bien, vous savez que c'est ça. C'est juste. Ou bien, pour une certaine popularité... Frère, je ne cherche jamais à être populaire. Je dis : « Ô Dieu, rends-moi honnête. » C'est ce que j'aimerais être, pas populaire, honnête.

PREMIÈRE PARTIE

UNE ÉGLISE À CHRIST – UNE VÉRITÉ OUBLIÉE

CHAPITRE 1 : À QUI APPARTIENT L'ÉGLISE ? À DIEU OU AU PASTEUR ?

L'Église locale est bien plus qu'un bâtiment ou une communauté humaine : elle est le Corps de Christ, le temple vivant où Dieu manifeste sa gloire. Pourtant, une question fondamentale se pose, souvent dans l'ombre, mais avec des implications profondes : à qui appartient réellement l'Église ? À Jésus-Christ, qui l'a fondée et rachetée, ou au pasteur, qui la dirige au quotidien ? Cette interrogation n'est pas théorique ; elle touche au cœur de la santé spirituelle de chaque communauté chrétienne. Lorsque la réponse est mal comprise, l'Église risque de s'éloigner de sa vocation divine, entraînant confusion, oppression, et parfois même le retrait de la Présence de Dieu.

Dans ce chapitre, nous établirons, à partir des Écritures, que Christ est le seul et unique Propriétaire de l'Église, et que l'homme, qu'il soit pasteur, ancien ou croyant, n'est qu'un intendant appelé à servir avec humilité et fidélité. En nous appuyant sur **Matthieu 16.18** et **Actes 20.28**, nous explorerons la nature divine de l'Église, le prix de son rachat, et le rôle de l'homme dans sa gestion. Nous examinerons également les implications pratiques de cette vérité pour les Églises locales d'aujourd'hui, afin que pasteurs et croyants puissent réaligner leur cœur et leurs pratiques avec le plan de Dieu. Car une chose est certaine : l'Église appartient à Christ, et à Lui seul.

1. L'Église : L'œuvre exclusive de Christ

Le contexte de **Matthieu 16.18** est crucial pour comprendre la propriété de l'Église. Alors que Jésus interroge ses disciples à Césarée de Philippe – « *Qui dites-vous que je suis ?* » (v. 15) – Pierre répond avec une confession inspirée : « *Tu es le Christ, le Fils du Dieu vivant* » (v. 16). Cette déclaration devient le fondement de la promesse de Jésus : « *Tu es Pierre, et sur ce roc je bâtirai mon Église, et les portes du séjour des morts ne prévaudront point contre elle* » (v. 18). Ce verset, souvent débattu, contient des vérités essentielles sur la nature et la propriété de l'Église.

Tout d'abord, l'expression « *mon Église* » est une revendication claire de la part de Jésus. Le pronom possessif « *mon* » indique que l'Église n'appartient ni à Pierre, ni aux apôtres, ni à aucun leader humain, mais à Christ seul. L'Église n'est pas une institution que l'homme peut posséder ou façonner à sa guise ; elle est une réalité divine, intimement liée à la personne et à l'autorité de Jésus. Cette vérité est renforcée par le fait que Jésus parle au futur – « *je bâtirai* » – soulignant que l'Église est son projet, initié et soutenu par sa puissance.

Ensuite, le terme « *roc* » a fait l'objet de nombreuses interprétations. Certains y voient Pierre lui-même, d'autres la confession de sa foi, ou encore Christ en tant que fondement ultime (**1 Corinthiens 3.11**). Sans entrer dans un débat exégétique exhaustif, il est clair que le roc désigne la vérité révélée de la divinité de Christ, confessée par Pierre sous l'inspiration du Saint-Esprit (v. 17). L'Église repose donc sur Christ, non sur la personnalité ou l'autorité d'un homme. Tout leader qui chercherait à se substituer à ce fondement s'écarte du plan divin.

Enfin, la promesse que « *les portes du séjour des morts ne prévaudront point* » souligne l'invincibilité de l'Église. Cette assurance ne repose pas sur la sagesse ou la force humaine, mais sur la souveraineté de Christ. Une Église locale qui reconnaît Jésus comme Propriétaire est protégée contre les assauts spirituels, car elle s'appuie sur sa puissance. En revanche, lorsque l'homme s'approprie l'Église, il la rend vulnérable, car aucun leader humain ne peut rivaliser avec la force de Christ.

Pour illustrer, imaginons un architecte qui construirait une maison en prétendant en être le propriétaire, alors qu'il n'est qu'un ouvrier engagé par le véritable maître d'ouvrage. De la même manière, un pasteur qui traite l'Église comme « *sa* » création outrepasse son rôle. **Matthieu 16.18** nous rappelle que l'Église est l'œuvre exclusive de Christ, et que toute tentative de s'en attribuer la propriété est une forme d'usurpation spirituelle.

2. L'Église : achetée par le Sang de Christ

Si **Matthieu 16.18** établit la propriété de Christ, **Actes 20.28** en révèle la valeur inestimable. Dans ce passage, Paul s'adresse aux anciens de l'Église d'Éphèse, leur laissant des instructions solennelles avant son départ : « *Prenez donc garde à vous-mêmes, et à tout le troupeau sur lequel le Saint-Esprit vous a établis évêques, pour paître l'Église de Dieu, qu'il s'est acquise par son propre sang.* » Ce verset éclaire la nature sacrée de l'Église et le rôle des responsables humains.

Premièrement, l'expression « *l'Église de Dieu* » souligne que l'Église appartient à Dieu lui-même. Le terme grec *ekklēsia*, traduit par « *Église* », désigne l'assemblée des rachetés, appelée par Dieu pour être son peuple. Cette appartenance divine exclut toute prétention humaine à la propriété. Les anciens, bien qu'investis d'une autorité spirituelle, sont des « *évêques* » (littéralement « *surveillants* ») établis par le Saint-Esprit, non des propriétaires. Leur mission est de « *paître* », c'est-à-dire de nourrir, protéger et guider le troupeau, non de le posséder.

Deuxièmement, l'Église est décrite comme « *acquise par son propre sang* ». Cette phrase est une référence directe au sacrifice de Jésus-Christ, qui a payé le prix ultime pour racheter l'Église. Le mot grec *peripoieō,* traduit par « *acquise* », évoque l'idée d'un achat coûteux ou d'une acquisition précieuse. L'Église n'est pas un bien ordinaire ; elle est un trésor d'une valeur infinie, scellé par le sang du Fils de Dieu. Cette réalité devrait inspirer une révérence profonde chez tout responsable d'Église : comment un homme pourrait-il revendiquer la propriété de ce que Christ a racheté à un tel prix ?

Troisièmement, l'avertissement « *prenez garde* » met en lumière la gravité de la responsabilité des leaders. Paul exhorte les anciens à veiller non seulement sur le troupeau, mais aussi sur eux-mêmes, car le danger de l'orgueil ou de l'appropriation est réel. Ce verset anticipe les dérives que nous explorerons dans le chapitre suivant, où des pasteurs, par zèle ou par insécurité, commencent à traiter l'Église comme leur domaine personnel.

Considérez un pasteur qui, après des années de ministère fructueux, commence à voir l'Église comme le fruit de « *son* » travail. Il parle de « *mon ministère* », de « *mes membres* », et prend des décisions sans consulter les anciens ou la communauté. Bien que son intention initiale ait pu être pure, cette attitude reflète une méprise sur la propriété de l'Église. **Actes 20.28** nous rappelle que l'Église est un bien divin, et que la gérer exige humilité et soumission à Christ.

3. L'Homme : Intendant, non Propriétaire

Si l'Église appartient à Christ, quel est le rôle de l'homme dans sa gestion ? Les Écritures répondent avec clarté : l'homme est un intendant, un serviteur chargé de gérer fidèlement ce qui appartient à Dieu. Dans **1 Corinthiens 4.1-2**, Paul écrit : « *Qu'on nous regarde comme des serviteurs de Christ, et des dispensateurs des mystères de Dieu. Du reste, ce qu'on demande des dispensateurs, c'est qu'un chacun soit trouvé fidèle.* » Le terme « *dispensateur* » (*grec oikonomos*) désigne un intendant, comme un gérant chargé d'administrer les biens d'un maître. Cette image est centrale pour comprendre le rôle du pasteur ou de tout responsable d'Église.

La parabole des talents reprise dans **Matthieu 25.14-30** illustre parfaitement ce principe. Dans cette histoire, un maître confie ses biens à ses serviteurs avant de partir en voyage. À son retour, il les juge non pas sur leur autorité, mais sur leur fidélité à gérer ce qui leur a été confié. De même, le pasteur est un serviteur à qui Christ a confié la responsabilité de paître son troupeau. Il ne possède pas l'Église, mais il est appelé à l'administrer selon la volonté du Propriétaire.

Ce rôle d'intendant est également souligné dans **1 Pierre 4.10** : « *Que chacun de vous, selon le don qu'il a reçu, l'emploie à servir les autres, comme de bons dispensateurs de la grâce variée de Dieu.* » Le pasteur, comme tout croyant, reçoit des dons et une autorité pour servir, non pour dominer. Malheureusement, cette distinction est souvent brouillée dans les Églises locales. Par zèle, par insécurité, ou sous la pression des attentes culturelles, un pasteur peut commencer à agir comme un propriétaire, prenant des décisions unilatérales, cherchant la reconnaissance, ou imposant sa vision sans consulter la communauté ou le Saint-Esprit.

Pour illustrer, pensons à un gardien chargé de veiller sur un jardin précieux. S'il commence à se comporter comme le propriétaire – arrachant des plantes pour imposer son style, ou interdisant aux autres d'y contribuer – il trahit sa mission. De même, un pasteur qui s'approprie l'Église étouffe l'œuvre de Dieu. Le rôle d'intendant exige humilité, transparence, et une soumission constante à la volonté de Christ, le véritable Maître.

4. Implications pour l'Église d'aujourd'hui

Reconnaître que Christ est le seul Propriétaire de l'Église n'est pas une simple affirmation ; c'est une vérité qui doit transformer la manière dont les Églises locales fonctionnent. Voici quatre implications pratiques pour les pasteurs, les responsables, et les croyants :

- **Une gouvernance centrée sur Christ** : Les décisions dans l'Église doivent refléter la Seigneurie de Jésus. Cela signifie que les pasteurs doivent chercher la direction du Saint-Esprit à travers la prière, l'étude des Écritures, et la collaboration avec les anciens et la communauté. Une gouvernance unilatérale, où le pasteur agit comme un monarque, est contraire au modèle biblique. Comme le dit **Proverbes 15.22** : « *Les projets échouent, faute de délibération ; mais ils réussissent, quand les conseillers sont nombreux.* »

- **Une attitude d'humilité** : Les pasteurs doivent cultiver l'humilité, se rappelant qu'ils sont des serviteurs, non des seigneurs. Jean-Baptiste offre un modèle puissant dans **Jean 3.30** : « *Il faut qu'il croisse, et que je diminue.* » Un pasteur qui cherche à glorifier Christ plutôt que lui-même libère l'Église pour qu'elle prospère spirituellement.

- **Une communauté libérée** : Lorsque l'Église est rendue à Christ, les croyants sont libérés de l'oppression humaine. Dans une Église centrée sur Christ, les dons spirituels de chaque membre sont valorisés dans **1 Corinthiens 12.4-7**, et la communauté devient un lieu de croissance, de liberté, et de joie. En revanche, une Église dominée par un pasteur devient étouffante, car l'attention se porte sur l'homme plutôt que sur Dieu.
- **Une dépendance au Saint-Esprit** : L'Église appartient à Christ, mais elle est animée par le Saint-Esprit. Les pasteurs et les responsables doivent apprendre à dépendre de l'Esprit pour guider l'Église, plutôt que de s'appuyer sur leurs propres forces ou stratégies. Comme **Zacharie 4.6** le déclare : « *Ce n'est ni par la puissance ni par la force, mais c'est par mon Esprit, dit l'Éternel des armées.* »

Imaginez une Église locale où le pasteur, par désir de maintenir l'unité, décide seul des prédicateurs, des chants, et même des ministères autorisés. Au fil du temps, les membres se sentent marginalisés, les anciens sont réduits à un rôle décoratif, et la vitalité spirituelle de la communauté s'éteint. Cette situation, bien que souvent involontaire, illustre ce qui arrive lorsque l'homme usurpe le rôle de Propriétaire. En revanche, une Église où le pasteur agit comme un intendant – consultant les anciens, encourageant les dons des membres, et cherchant la direction de Dieu – devient un lieu où le Saint-Esprit peut agir librement, produisant des fruits abondants.

5. Conclusion

À qui appartient l'Église ? **Les Écritures répondent avec une clarté éclatante : l'Église appartient à Jésus-Christ, qui l'a fondée sur le roc de sa divinité, l'a rachetée par son sang, et continue de la bâtir par son Esprit. Le pasteur, bien que chargé d'une responsabilité sacrée, n'est qu'un intendant, appelé à servir avec humilité, fidélité, et soumission**. En reconnaissant cette vérité, nous posons les bases d'une Église locale qui reflète la gloire de son Propriétaire et accomplit sa mission divine.

Mais que se passe-t-il lorsque cette vérité est ignorée ou déformée ? Lorsque le pasteur, par orgueil, insécurité, ou méprise, commence à se comporter comme le propriétaire de l'Église ? Le chapitre suivant explorera les manifestations concrètes de cette dérive – décisions unilatérales, culte de la personnalité, autoritarisme – et montrera comment elles s'écartent du plan de Dieu pour son Église.

DEUXIÈME PARTIE

LES DÉRIVES HUMAINES DANS L'ÉGLISE LOCALE

CHAPITRE 2 : QUAND LE PASTEUR SE PREND POUR LE PROPRIÉTAIRE DE L'ÉGLISE LOCALE

Dans le chapitre précédent, nous avons établi, à partir de **Matthieu 16.18** et **Actes 20.28**, que l'Église appartient exclusivement à Jésus-Christ, son Propriétaire légitime, et que le pasteur n'est qu'un intendant appelé à servir avec humilité. Cependant, cette vérité biblique, bien qu'évidente en théorie, est souvent mise à l'épreuve dans la pratique. Dans de nombreuses Églises locales, des pasteurs, par zèle, insécurité, ou méprise, adoptent des comportements qui les placent au centre de la communauté, comme s'ils en étaient les propriétaires. Cette dérive, qu'elle soit subtile ou manifeste, détourne l'Église de sa vocation divine et ouvre la porte à des conséquences spirituelles graves.

Ce chapitre examine les manifestations concrètes de cette dérive : les décisions unilatérales, le culte de la personnalité, et l'autoritarisme. À travers une analyse biblique, des exemples pratiques, et une réflexion sur les causes profondes de ces comportements, nous identifierons les signes de cette appropriation indue et ses effets sur l'Église locale. Notre objectif n'est pas de condamner les pasteurs, mais d'éclairer les croyants et les responsables afin qu'ils puissent discerner ces dérives et ramener l'Église à son véritable Propriétaire, Jésus-Christ.

1. Les décisions unilatérales : quand le Pasteur devient le seul décideur

L'une des manifestations les plus courantes de la dérive où un pasteur se prend pour le propriétaire de l'Église est la prise de décisions unilatérales. Au lieu de consulter les anciens, les diacres, ou la communauté, le pasteur impose sa vision, ses priorités, ou ses méthodes, comme s'il était le seul à détenir l'autorité. Ce comportement s'écarte du modèle biblique de gouvernance, qui valorise la collaboration et la soumission mutuelle sous la direction du Saint-Esprit.

Les Écritures nous offrent un contre-exemple clair dans Actes 15, lors du concile de Jérusalem. Face à une question doctrinale majeure – faut-il circoncire les païens convertis ? – les apôtres et les anciens se réunissent pour délibérer. La décision finale n'est pas imposée par un seul leader, mais prise collectivement, après débat, prière, et écoute des témoignages selon **Actes 15.6-29**. Le verset 28 résume cette approche : « *Car il a paru bon au Saint-Esprit et à nous...* » Cette expression montre que l'autorité ultime réside en Dieu, et que les leaders humains doivent chercher sa volonté ensemble.

En revanche, un pasteur qui agit unilatéralement ignore cette sagesse collective. Il peut, par exemple, modifier l'ordre du culte, réorganiser les ministères, ou gérer les finances sans consulter les autres responsables. Bien que ces décisions puissent sembler justifiées par un désir d'efficacité ou de « protéger » l'Église, elles reflètent une appropriation indue. **Proverbes 15.22** nous avertit : « *Les projets échouent, faute de délibération ; mais ils réussissent, quand les conseillers sont nombreux.* » Un pasteur qui agit seul risque non seulement de prendre des décisions malavisées, mais aussi d'aliéner la communauté, créant un climat de méfiance.

Dans une Église locale, un pasteur décide, sans consulter les anciens, de lancer une campagne de collecte de fonds pour un projet personnel qu'il juge essentiel. Les membres, bien que fidèles, se sentent exclus et commencent à murmurer. Les anciens, marginalisés, perdent leur motivation à servir. Ce scénario montre comment les décisions unilatérales, même bien intentionnées, peuvent fracturer l'unité et détourner l'attention de Christ vers l'agenda du pasteur.

Les causes de ce comportement sont variées. Parfois, le pasteur craint que la consultation ralentisse le processus ou dilue sa vision. D'autres fois, il peut être influencé par une culture où le leader est vu comme un « *visionnaire* » incontesté. Quelle qu'en soit la raison, cette attitude s'écarte du modèle biblique et place le pasteur dans une position qui appartient à Christ seul.

2. Le culte de la personnalité : quand le Pasteur devient le centre

Une autre manifestation dangereuse de la dérive est le culte de la personnalité, où le pasteur devient l'objet central de l'attention, éclipsant la gloire de Christ. Ce phénomène peut se manifester par une dépendance excessive des membres envers le pasteur, une exaltation de sa personne, ou une mise en avant constante de ses dons et de ses réalisations. Bien que cela puisse commencer innocemment – par exemple, par l'admiration légitime pour un ministère fructueux – il devient problématique lorsque le pasteur encourage ou tolère cette adulation.

Les Écritures nous mettent en garde contre ce danger. Dans **1 Corinthiens 1.12-13**, Paul réprimande les Corinthiens qui se divisaient en factions : « *Je suis de Paul, moi d'Apollos, moi de Céphas...* » Il pose une question cinglante : « *Christ est-il divisé ? Paul a-t-il été crucifié pour vous ?* » (v. 13). Ce passage souligne que l'Église doit être centrée sur Christ, non sur des leaders humains, aussi talentueux soient-ils. Lorsque les membres d'une Église parlent plus du pasteur que de Jésus, ou lorsque le pasteur devient le point focal des réunions, l'Église s'éloigne de sa vocation.

Le culte de la personnalité peut prendre des formes subtiles. Par exemple, un pasteur peut insister pour prêcher à chaque culte, même lorsque d'autres sont qualifiés, par peur de perdre sa place centrale. Il peut aussi encourager des témoignages qui glorifient son ministère plutôt que l'œuvre de Dieu. Dans certains cas, les membres eux-mêmes alimentent cette dynamique, en plaçant le pasteur sur un piédestal et en dépendant de lui pour chaque décision spirituelle.

Un cas concret peut éclairer ce point. Dans une communauté, le pasteur est un orateur charismatique dont les sermons attirent des foules. Peu à peu, les membres commencent à dire : « *Sans lui, cette Église ne serait rien.* » Les affiches des événements mettent son nom en gros caractères, et les cultes tournent autour de sa présence. Bien que le pasteur prêche Christ, il tolère cette focalisation sur sa personne, ce qui finit par créer une dépendance malsaine. Lorsque des désaccords surviennent, les membres se sentent déchirés, car leur loyauté envers le pasteur prime sur leur fidélité à Christ.

Les causes du culte de la personnalité sont complexes. Pour le pasteur, cela peut découler d'une insécurité qui le pousse à chercher la validation. Pour les membres, cela peut refléter un manque de maturité spirituelle ou une idolâtrie déguisée. Quelle qu'en soit l'origine, ce phénomène détourne l'Église de son Propriétaire véritable et la rend vulnérable à la division et à la confusion.

3. L'Autoritarisme : quand le Pasteur domine au lieu de servir

La troisième manifestation de la dérive est l'autoritarisme, où le pasteur adopte une posture de domination plutôt que de service. Au lieu de guider le troupeau avec humilité, comme un berger selon le cœur de Dieu (**Jean 10.11**), il impose sa volonté, étouffe les voix dissidentes, et exige une obéissance aveugle. Ce comportement est en contradiction directe avec l'enseignement de Jésus dans **Matthieu 20.25-28** : « *Vous savez que les chefs des nations les tyrannisent, et que les grands les asservissent. Il n'en sera pas de même parmi vous. Mais quiconque veut être grand parmi vous, qu'il soit votre serviteur.* »

L'autoritarisme peut se manifester de plusieurs façons. Un pasteur peut, par exemple, réprimander publiquement ceux qui remettent en question ses décisions, créant un climat de peur. Il peut aussi manipuler les Écritures pour justifier son contrôle, en citant des versets comme **Hébreux 13.1 :** « *Obéissez à vos conducteurs* » hors de leur contexte. Dans les cas extrêmes, il peut exclure ou marginaliser les membres qui ne s'alignent pas sur sa vision, transformant l'Église en un espace où la liberté spirituelle est étouffée.

Un exemple frappant pourrait être celui d'une Église où le pasteur exige que chaque ministère passe par son approbation personnelle. Un ministre local se sent conduit à prêcher sur un sujet quelconque, selon l'inspiration que Dieu lui a donnée, mais le pasteur refuse, non pas puisqu'il n'y a pas de disponibilité, mais parce qu'il craint de perdre le contrôle. Les anciens, bien que qualifiés, sont réduits à un rôle consultatif, et les membres hésitent à exprimer leurs idées par peur des représailles. Cette dynamique oppressive révèle un pasteur qui agit comme un seigneur, non comme un serviteur.

Les racines de l'autoritarisme sont souvent profondes. Il peut s'agir d'un manque d'inspiration, qui conduit le pasteur à confondre leadership et domination. Dans certains cas, des blessures personnelles ou des insécurités poussent le pasteur à chercher le pouvoir pour se sentir validé. Parfois, des influences culturelles – comme des modèles de leadership autoritaires dans la société ou dans certaines traditions religieuses – renforcent cette tendance. Quelle qu'en soit la cause, l'autoritarisme est une trahison du modèle de leadership de Jésus, qui a lavé les pieds de ses disciples.[1]

4. Les causes et les conséquences de la dérive

Pourquoi certains pasteurs tombent-ils dans ces dérives ? Plusieurs facteurs peuvent contribuer à ce phénomène :

- **L'insécurité personnelle** : Un pasteur qui doute de sa légitimité peut compenser en cherchant à contrôler ou à être admiré, croyant que cela renforcera son autorité ;
- **Le manque d'inspiration et de formation** : Sans une compréhension claire du modèle biblique de gouvernance, un pasteur peut imiter des modèles séculiers ou culturels, où le leader est un « patron » plutôt qu'un serviteur ;
- **La pression culturelle** : Dans certaines communautés, les attentes des membres ou les traditions locales placent le pasteur sur un piédestal, l'encourageant à adopter une posture de propriétaire et ;

[1] **Jean 13.12-17** : « *Après qu'il leur eut lavé les pieds, et qu'il eut pris ses vêtements, il se remit à table, et leur dit: Comprenez-vous ce que je vous ai fait? Vous m'appelez Maître et Seigneur; et vous dites bien, car je le suis. Si donc je vous ai lavé les pieds, moi, le Seigneur et le Maître, vous devez aussi vous laver les pieds les uns aux autres; car je vous ai donné un exemple, afin que vous fassiez comme je vous ai fait. En vérité, en vérité, je vous le dis, le serviteur n'est pas plus grand que son seigneur, ni l'apôtre plus grand que celui qui l'a envoyé. Si vous savez ces choses, vous êtes heureux, pourvu que vous les pratiquiez.* »

- **Le zèle mal orienté** : Un pasteur sincère peut croire que son contrôle est nécessaire pour protéger l'Église, sans réaliser qu'il étouffe l'œuvre du Saint-Esprit.

Les conséquences de ces dérives sont graves et multiples. **Premièrement**, elles fracturent l'unité de l'Église, car les membres se sentent exclus ou opprimés. **Deuxièmement**, elles étouffent les dons spirituels, car les croyants n'osent pas s'exprimer ou servir librement.[2]. **Troisièmement**, elles détournent l'attention de Christ, transformant l'Église en une institution centrée sur l'homme. **Enfin**, elles risquent d'éloigner la Présence de Dieu, car le Saint-Esprit ne peut agir pleinement dans un environnement où l'homme usurpe la place de Christ. Nous explorerons ces conséquences plus en détail dans le chapitre suivant.

5. Discerner et prévenir la dérive

Comment les pasteurs et les communautés peuvent-ils discerner et prévenir cette dérive ? Voici quelques clés pratiques, ancrées dans les Écritures :

- **Examen de soi** : Les pasteurs doivent régulièrement s'examiner à la lumière de la Parole, en se posant des questions comme : « *Est-ce que je cherche la gloire de Christ ou la mienne ? Est-ce que je consulte les autres responsables ?* » ;
- **Reddition de comptes** : Une gouvernance partagée, où les anciens et les diacres ont un rôle actif, empêche le pasteur de devenir un décideur unique. Les pasteurs doivent accepter la correction fraternelle ;
- Centrage sur Christ : Les cultes et les ministères doivent glorifier Jésus, non l'homme. Les pasteurs doivent encourager les membres à dépendre de Dieu, pas d'eux-mêmes et ;
- **Formation ministérielle** : Les Églises doivent investir dans la formation des pasteurs et des responsables, pour qu'ils comprennent leur rôle d'intendants et non de propriétaires.

Dans une Église locale, le pasteur, conscient de sa tendance à vouloir tout contrôler, décide de déléguer certaines responsabilités aux anciens et d'encourager les ministères dirigés par les membres. Il organise des réunions régulières pour prier et discerner la volonté de Dieu en équipe. Résultat : l'Église prospère, les dons des membres s'épanouissent, et Christ est exalté.

6. Conclusion

Quand le pasteur se prend pour le propriétaire de l'Église locale, il s'engage sur un chemin dangereux, marqué par les décisions unilatérales, le culte de la personnalité, et l'autoritarisme. Ces dérives, bien que parfois subtiles, s'écartent du modèle biblique de leadership et menacent la santé spirituelle de l'Église. En reconnaissant ces signes et en comprenant leurs causes, pasteurs et croyants peuvent prendre des mesures pour ramener l'Église à son véritable Propriétaire, Jésus-Christ.

Mais quelles sont les conséquences spirituelles de ces comportements ? Le chapitre suivant examinera les effets dévastateurs d'une mauvaise appropriation de l'Église, tels que la perte de l'onction, l'oppression des croyants, et le risque du jugement divin. En explorant ces réalités,

---

[2] **1 Corinthiens 12.7** : *« Or, à chacun la manifestation de l'Esprit est donnée pour l'utilité commune.»*

nous comprendrons pourquoi il est urgent de restaurer la Seigneurie de Christ dans chaque Église locale.

CHAPITRE 3 : LES CONSÉQUENCES SPIRITUELLES D'UNE MAUVAISE APPROPRIATION DE L'ÉGLISE LOCALE

Dans les chapitres précédents, nous avons établi que l'Église appartient exclusivement à Jésus-Christ, son Propriétaire légitime, et que le pasteur n'est qu'un intendant chargé de servir avec humilité (Chapitre 1). Nous avons également examiné les manifestations concrètes de la dérive où un pasteur se prend pour le propriétaire, telles que les décisions unilatérales, le culte de la personnalité, et l'autoritarisme (Chapitre 2). Mais quelles sont les conséquences de cette appropriation indue ? Lorsque l'homme usurpe la place de Christ dans l'Église locale, les répercussions ne sont pas seulement organisationnelles ou relationnelles ; elles sont profondément spirituelles, affectant la vitalité, la mission, et même la survie de la communauté.

Ce chapitre explore les conséquences spirituelles d'une mauvaise appropriation de l'Église locale : la perte de l'onction, le retrait du Saint-Esprit, l'oppression des croyants, la confusion doctrinale, et le risque du jugement divin. À travers une étude biblique, des exemples pratiques, et une réflexion sur les dynamiques spirituelles, nous montrerons comment ces dérives éloignent l'Église de la présence et de la puissance de Dieu. Notre objectif est d'éveiller pasteurs, responsables, et croyants à l'urgence de ramener l'Église à son véritable Propriétaire, afin qu'elle redevienne un lieu où la gloire de Christ rayonne.

1. La Perte de l'Onction : Quand la Puissance spirituelle s'éteint

L'une des conséquences les plus tragiques d'une mauvaise appropriation de l'Église est la perte de l'onction, c'est-à-dire la diminution de la puissance et de la présence du Saint-Esprit dans la communauté. Dans les Écritures, l'onction est associée à la capacité divine d'accomplir l'œuvre de Dieu avec efficacité et sainteté. Par exemple, dans **Actes 10.38**, il est dit que « *Dieu a oint du Saint-Esprit et de force Jésus de Nazareth* », lui permettant d'agir avec autorité. De même, l'Église locale, lorsqu'elle est alignée avec Christ, est ointe pour porter du fruit spirituel.[3]

Cependant, lorsque le pasteur s'approprie l'Église, il perturbe cet alignement. Les décisions unilatérales, le culte de la personnalité, ou l'autoritarisme créent un environnement où l'homme prend la place de Dieu, étouffant l'œuvre du Saint-Esprit. **Ésaïe 42.8** nous rappelle que Dieu ne partage pas sa gloire : « *Je suis l'Éternel, c'est là mon nom ; et je ne donnerai pas ma gloire à un autre.* » Lorsque le pasteur cherche à s'attribuer la gloire, l'onction s'estompe, car le Saint-Esprit ne soutient pas une œuvre centrée sur l'homme.

Dans **1 Samuel 4**, les Israélites, confiants en l'arche de l'alliance, l'emportent au combat contre les Philistins, mais ils sont vaincus, et l'arche est capturée (**1 Samuel 4.10-11**[4]). Pourquoi ? Parce que leur cœur était loin de Dieu, et ils traitaient l'arche comme un talisman, sans chercher sa volonté. **De même, une Église locale peut continuer à organiser des cultes, à prêcher, et à chanter, mais si le pasteur agit comme propriétaire, la véritable onction disparaît. Les**

---

[3] **Jean 15.5** : « *Je suis le cep, vous êtes les sarments. Celui qui demeure en moi et en qui je demeure porte beaucoup de fruit, car sans moi vous ne pouvez rien faire.* »

[4] **1 Samuel 4.10-11** : « *Les Philistins livrèrent bataille, et Israël fut battu. Chacun s'enfuit dans sa tente. La défaite fut très grande, et il tomba d'Israël trente mille hommes de pied. L'arche de Dieu fut prise, et les deux fils d'Éli, Hophni et Phinées, moururent.* »

sermons deviennent creux, les cultes routiniers, et les membres ressentent un vide spirituel.

Un exemple moderne pourrait être une Église où le pasteur, obsédé par son image, investit dans des événements grandioses pour attirer les foules, mais néglige la prière et l'enseignement biblique. Les cultes sont impressionnants en surface, mais les membres repartent sans avoir rencontré Dieu. Cette perte de l'onction est un signal d'alarme : l'Église s'est éloignée de son Propriétaire.

2. Le retrait du Saint-Esprit : quand la Présence divine s'éloigne

Une conséquence encore plus grave est le retrait du Saint-Esprit, où la Présence divine, essentielle à la vie de l'Église, s'éloigne de la communauté. Dans l'Ancien Testament, la gloire de Dieu quittait le temple lorsque le peuple s'adonnait à l'idolâtrie ou à l'injustice.[5] De même, dans le Nouveau Testament, Jésus avertit les Églises d'**Apocalypse 2–3** que leur « *chandelier* » peut être ôté si elles s'écartent de leur vocation[6]. Le chandelier symbolise la présence et la lumière de Dieu ; son retrait signifie que l'Église, bien qu'active, devient spirituellement stérile.

Lorsque le pasteur se prend pour le propriétaire, il introduit une forme d'idolâtrie subtile : l'homme devient le centre, remplaçant Christ. Cette attitude peut conduire le Saint-Esprit à se retirer, car Il ne cohabite pas avec l'orgueil ou l'usurpation. Jésus a promis que le Saint-Esprit glorifierait Lui, et non l'homme[7]. Une Église centrée sur le pasteur, plutôt que sur Christ, risque donc de perdre cette présence vitale.

Un exemple concret pourrait être une Église où l'autoritarisme du pasteur crée un climat de peur. Les membres n'osent pas partager leurs dons ou leurs convictions, et les cultes deviennent des performances ritualisées. Bien que l'Église semble fonctionner, la joie, la liberté, et la puissance spirituelle s'évanouissent. Les membres ressentent un vide, et les nouveaux convertis sont rares. Ce retrait du Saint-Esprit est un avertissement divin : l'Église doit se repentir et revenir à Christ.

L'histoire de Samson décrite dans **Juges 16.20** est un parallèle saisissant. Après avoir désobéi à Dieu, Samson ne réalise pas que « *l'Éternel s'était retiré de lui* ». **De même, une Église peut continuer ses activités sans percevoir que la Présence de Dieu s'est éloignée.** Ce danger souligne l'urgence de reconnaître Christ comme Propriétaire et de rejeter toute forme d'appropriation humaine.

---

[5] **Ézéchiel 10.18-19** : « *La gloire de l'Éternel se retira du seuil de la maison, et se plaça sur les chérubins. Les chérubins déployèrent leurs ailes, et s'élevèrent de terre sous mes yeux quand ils partirent, accompagnés des roues. Ils s'arrêtèrent à l'entrée de la porte de la maison de l'Éternel vers l'orient ; et la gloire du Dieu d'Israël était sur eux, en haut.* »

[6] **Apocalypse 2.5** : « *Souviens-toi donc d'où tu es tombé, repens-toi, et pratique tes premières œuvres; sinon, je viendrai à toi, et j'ôterai ton chandelier de sa place, à moins que tu ne te repentes.* »

[7] **Jean 16.13-14** : « *Quand le consolateur sera venu, l'Esprit de vérité, il vous conduira dans toute la vérité; car il ne parlera pas de lui-même, mais il dira tout ce qu'il aura entendu, et il vous annoncera les choses à venir. Il me glorifiera, parce qu'il prendra de ce qui est à moi, et vous l'annoncera.* »

3. L'Oppression des croyants : quand l'Église devient un fardeau

Une autre conséquence de la mauvaise appropriation est l'oppression des croyants, où l'Église, censée être un lieu de liberté et de croissance, devient un fardeau pour ses membres. Jésus a promis : « *Mon joug est doux, et mon fardeau léger* » (**Matthieu 11.30**). Pourtant, lorsque le pasteur agit comme propriétaire, il impose souvent des fardeaux lourds, écrasant la liberté spirituelle des croyants.

L'autoritarisme, en particulier, est une source majeure d'oppression. Un pasteur qui exige une obéissance aveugle ou qui punit les désaccords crée un climat de peur et de contrôle. Les membres peuvent se sentir jugés, marginalisés, ou même manipulés, surtout si le pasteur utilise les Écritures pour justifier son autorité. Cette dynamique est contraire à l'esprit de **1 Pierre 5.2-3**, où les pasteurs sont exhortés à paître le troupeau « *non comme dominant sur l'héritage de Dieu, mais en étant les modèles du troupeau* ».

Un exemple pratique pourrait être une Église où le pasteur impose des règles strictes sur la vie personnelle des membres – par exemple, en dictant leurs choix vestimentaires ou leurs relations – sans fondement biblique clair. Les croyants, au lieu de grandir dans leur relation avec Christ, vivent dans la crainte de déplaire au pasteur. Cette oppression étouffe les dons spirituels (**1 Corinthiens 12.7**) et décourage les membres, certains quittant l'Église ou abandonnant leur foi.

Un parallèle biblique se trouve dans l'attitude des Pharisiens, que Jésus condamne pour avoir imposé « *des fardeaux pesants* » au peuple, sans les aider à les porter (**Matthieu 23.4**). De même, un pasteur autoritaire transforme l'Église en un lieu de servitude, plutôt qu'en un espace de liberté en Christ. Cette oppression est une trahison de la mission de l'Église, qui est d'édifier et de libérer les croyants.

4. La confusion doctrinale : quand la vérité est compromise

La mauvaise appropriation de l'Église conduit également à la confusion doctrinale, où la vérité biblique est déformée pour servir les intérêts ou la vision du pasteur. Lorsque le pasteur agit comme propriétaire, il peut être tenté de manipuler les Écritures pour justifier son autorité, sa vision, ou ses pratiques, au détriment de la saine doctrine. Paul avertit Timothée dans **1 Timothée 4.16** : « *Veille sur toi-même et sur ton enseignement* », soulignant l'importance de préserver la vérité.

La confusion doctrinale peut prendre plusieurs formes. Par exemple, un pasteur peut insister sur des enseignements secondaires – comme des règles culturelles ou des révélations personnelles – au détriment des vérités fondamentales de l'Évangile. Dans d'autres cas, il peut tordre des versets, comme **Hébreux 13.17** : « *Obéissez à vos conducteurs* », pour exiger une soumission absolue, ignorant le contexte de l'humilité et de la reddition de comptes. Cette manipulation crée un environnement où les membres perdent leur discernement et deviennent vulnérables à l'erreur.

Un exemple concret pourrait être une Église où le pasteur proclame que sa vision pour un nouveau bâtiment est « *la volonté de Dieu* », sans chercher la confirmation biblique ou communautaire. Pour soutenir son projet, il utilise des versets sortis de leur contexte, semant la confusion parmi les membres. Certains commencent à douter de leur propre compréhension des Écritures, tandis que d'autres s'éloignent, troublés par l'écart entre l'enseignement et la vérité.

Un précédent biblique se trouve dans **Galates**, où Paul condamne ceux qui prêchent « *un autre Évangile*[8] ». Bien que la confusion doctrinale dans une Église locale ne soit pas toujours aussi extrême, toute déviation de la vérité affaiblit la foi des croyants et compromet la mission de l'Église. Lorsque le pasteur devient le centre, la Parole de Dieu est souvent reléguée au second plan, ouvrant la porte à l'erreur.

5. Le Jugement divin : quand Dieu intervient

Enfin, la conséquence la plus solennelle de la mauvaise appropriation de l'Église est le jugement divin. Les Écritures sont claires : Dieu ne tolère pas indéfiniment l'usurpation de sa gloire ou l'oppression de son peuple. Dans **Apocalypse 2.5**, Jésus avertit l'Église d'Éphèse : « *Souviens-toi donc d'où tu es tombé, repens-toi, et pratique tes premières œuvres ; sinon, je viendrai à toi, et j'ôterai ton chandelier de sa place, à moins que tu ne te repentes.* » **Cet avertissement montre que Dieu peut retirer sa bénédiction et sa présence si une Église persiste dans l'erreur.**

Dans l'Ancien Testament, des exemples comme celui de Saül illustrent ce principe. Saül, oint comme roi, désobéit à Dieu par orgueil et s'approprie une autorité qui ne lui appartient pas (**1 Samuel 15.22-23**). En conséquence, Dieu rejette son règne et transfère l'onction à David. De même, un pasteur qui persiste à se comporter comme le propriétaire de l'Église s'expose au jugement divin, qui peut se manifester par la perte de son ministère, la dispersion de la communauté, ou un réveil spirituel qui expose ses erreurs.

Un exemple contemporain pourrait être une Église prospère en apparence, mais où l'autoritarisme du pasteur a étouffé la vie spirituelle. Après des années de dérives, des scandales éclatent, les membres partent, et l'Église ferme ses portes. Bien que Dieu soit patient, sa justice finit par intervenir lorsque son peuple est opprimé ou sa gloire usurpée.

Cette réalité doit inspirer une crainte révérencielle. **Hébreux 12.29** nous rappelle que « *notre Dieu est un feu dévorant* ». Les pasteurs et les responsables doivent examiner leur cœur et leurs pratiques, sachant qu'ils rendront compte à Dieu de la manière dont ils ont géré son Église (**Hébreux 13.17**).

6. Un Appel à la Réflexion et à la Repentance

Face à ces conséquences – perte de l'onction, retrait du Saint-Esprit, oppression, confusion doctrinale, et jugement divin – pasteurs et croyants doivent répondre par une réflexion honnête et, si nécessaire, par la repentance. Voici quelques étapes pratiques pour discerner et corriger ces dérives :

---

[8] **Galates 1.6-9** : *« Je m'étonne que vous vous détourniez si promptement de celui qui vous a appelés par la grâce de Christ, pour passer à un autre Évangile. Non pas qu'il y ait un autre Évangile, mais il y a des gens qui vous troublent, et qui veulent renverser l'Évangile de Christ. Mais, quand nous-mêmes, quand un ange du ciel annoncerait un autre Évangile que celui que nous vous avons prêché, qu'il soit anathème! Nous l'avons dit précédemment, et je le répète à cette heure: si quelqu'un vous annonce un autre Évangile que celui que vous avez reçu, qu'il soit anathème! »*

- **Examen spirituel** : Les pasteurs doivent prier avec humilité, demandant à Dieu de révéler toute appropriation indue. Psaume **139.23-24** est un guide : « *Sonde-moi, ô Dieu, et connais mon cœur ! Éprouve-moi, et connais mes pensées !* » ;
- **Retour à la Parole** : L'Église doit recentrer son enseignement sur les Écritures, en veillant à ce que la vérité prévale sur les visions personnelles ou les traditions humaines (**2 Timothée 3.16-17**) ;
- **Libération des croyants** : Les pasteurs doivent encourager la liberté spirituelle, en valorisant les dons de chaque membre et en rejetant tout contrôle oppressif (**Galates 5.1**) et ;
- **Reddition de comptes** : Une gouvernance partagée, avec des anciens et des diacres actifs, protège contre les dérives et maintient l'Église alignée avec Christ.

Dans une Église locale, un pasteur reconnaît que son autoritarisme a opprimé les membres. Il se repent publiquement, demande pardon, et met en place un conseil d'anciens pour partager la prise de décision. L'Église connaît un renouveau spirituel, les membres retrouvent la joie, et la présence du Saint-Esprit devient palpable. Cet exemple montre que la repentance peut inverser les conséquences d'une mauvaise appropriation.

7. Conclusion

La mauvaise appropriation de l'Église locale par le pasteur entraîne des conséquences spirituelles dévastatrices : la perte de l'onction, le retrait du Saint-Esprit, l'oppression des croyants, la confusion doctrinale, et, ultimement, le jugement divin. Ces réalités ne sont pas des hypothèses théoriques, mais des avertissements bibliques qui appellent à une action urgente. En reconnaissant ces dangers, pasteurs et communautés peuvent choisir de se repentir, de rendre l'Église à Christ, et de restaurer sa vocation divine.

Mais comment ces dérives prennent-elles racine, et comment les discerner avant qu'elles ne causent des dommages irréparables ? Le chapitre suivant explorera l'esprit de contrôle, une menace silencieuse qui étouffe l'œuvre du Saint-Esprit, et proposera des clés pour le reconnaître et s'en libérer.

CHAPITRE 4 : L'ESPRIT DE CONTRÔLE DANS L'ÉGLISE : UNE MENACE SILENCIEUSE

Dans les chapitres précédents, nous avons établi que l'Église appartient exclusivement à Jésus-Christ (Chapitre 1), examiné les dérives où le pasteur se prend pour le propriétaire (Chapitre 2), et exploré les conséquences spirituelles graves de cette appropriation indue, telles que la perte de l'onction et le retrait du Saint-Esprit (Chapitre 3). Ces dérives ne surgissent pas par hasard ; elles sont souvent enracinées dans une attitude subtile mais destructrice : l'esprit de contrôle. Lorsque le pasteur ou les responsables cherchent à dominer chaque aspect de l'Église locale, ils étouffent la liberté du Saint-Esprit, oppriment les croyants, et détournent la communauté de sa vocation divine.

Ce chapitre explore l'esprit de contrôle comme une menace silencieuse dans l'Église. Nous-Nous analyserons comment ce contrôle humain étouffe l'œuvre du Saint-Esprit, en nous appuyant sur des exemples bibliques et contemporains. Nous identifierons les signes de cet esprit de contrôle pour aider pasteurs, responsables, et croyants à le reconnaître. Enfin, nous proposerons des étapes pratiques pour s'en libérer, afin que l'Église locale redevienne un lieu où le Saint-Esprit agit librement. Notre objectif est de restaurer la liberté et la puissance de Dieu dans l'Église, en rejetant toute forme de domination humaine qui usurpe la place de Christ.

1. L'Esprit de contrôle : Une menace subtile

L'esprit de contrôle se manifeste lorsqu'un pasteur ou un responsable cherche à régenter chaque aspect de l'Église – décisions, ministères, relations, et même la vie spirituelle des membres – au point de supplanter la direction du Saint-Esprit. Contrairement à l'autoritarisme flagrant décrit dans le chapitre 2, l'esprit de contrôle peut être subtil, se cachant derrière des intentions apparemment nobles, comme le désir de maintenir l'unité, de protéger la doctrine, ou d'assurer l'efficacité. Pourtant, ses effets sont dévastateurs, car il place l'homme, et non Christ, au centre de l'Église.

Les Écritures nous avertissent contre cette tendance. Dans **2 Corinthiens 3.17**, Paul déclare : « *Là où est l'Esprit du Seigneur, là est la liberté.* » Le Saint-Esprit apporte la liberté, permettant aux croyants de grandir, de servir, et d'adorer selon les dons que Dieu leur a donnés (**1 Corinthiens 12.4-7**). Cependant, l'esprit de contrôle crée un environnement où cette liberté est étouffée. Les membres se sentent surveillés, jugés, ou incapables d'agir sans l'approbation du pasteur, ce qui paralyse leur croissance spirituelle.

Dans **Actes 15**, certains chrétiens d'origine juive tentaient d'imposer la circoncision aux païens convertis, cherchant à contrôler leur foi selon leurs propres traditions (**Actes 15.1-5**). Cette attitude menaçait la liberté de l'Évangile, mais les apôtres, guidés par le Saint-Esprit, rejetèrent ce contrôle, affirmant que la grâce de Christ suffisait (**Actes 15.28-29**). Cet épisode montre que le contrôle humain, même motivé par un zèle religieux, peut entraver l'œuvre de Dieu.

Un exemple contemporain pourrait être une Église où le pasteur insiste pour approuver chaque détail des ministères – des chansons choisies pour le culte aux thèmes des études bibliques. Les membres, bien que talentueux, hésitent à proposer des idées, craignant un rejet ou une critique.

Les cultes deviennent rigides, et la spontanéité spirituelle disparaît. Cette dynamique révèle un esprit de contrôle qui, bien que moins visible que l'autoritarisme, est tout aussi destructeur.

2. Comment l'Esprit de contrôle étouffe l'œuvre du Saint-Esprit

L'esprit de contrôle est une menace parce qu'il étouffe l'œuvre du Saint-Esprit, qui est essentiel à la vie et à la mission de l'Église. Jésus a promis que le Saint-Esprit guiderait les croyants dans toute la vérité, les convaincrait de péché, et glorifierait Christ (**Jean 16.13-14**). Mais lorsque le pasteur ou les responsables imposent un contrôle excessif, ils limitent la capacité de l'Esprit à agir librement, transformant l'Église en une institution humaine plutôt qu'en un organisme vivant.

Premièrement, le contrôle restreint les dons spirituels. Dans **1 Corinthiens 12.4-11**, Paul explique que le Saint-Esprit distribue des dons variés – prophétie, enseignement, guérison, etc. – pour l'édification de l'Église. Cependant, dans une Église dominée par l'esprit de contrôle, ces dons sont souvent supprimés. Par exemple, un membre avec un don d'enseignement peut être exclu des études bibliques parce que le pasteur craint une remise en question de son autorité. Cette suppression empêche l'Église de bénéficier de la richesse des dons que Dieu a donnés.

Deuxièmement, le contrôle étouffe la spontanéité spirituelle. Les premiers chrétiens, guidés par le Saint-Esprit, agissaient avec une liberté remarquable – prêchant, priant, et partageant leurs biens selon la direction divine (**Actes 2.42-47**). En revanche, une Église contrôlée devient rigide, où chaque activité est planifiée et approuvée à l'avance. Les moments d'adoration spontanée, de prière fervente, ou de témoignages imprévus deviennent rares, car ils échappent au contrôle du pasteur.

Troisièmement, le contrôle crée un climat de peur, qui empêche le Saint-Esprit de produire ses fruits – amour, joie, paix, patience, etc. (**Galates 5.22-23**). Les membres vivent dans l'appréhension de déplaire au pasteur, ce qui les empêche de s'exprimer librement ou de prendre des initiatives. Cette peur est contraire à l'esprit de filiation que le Saint-Esprit donne, permettant aux croyants de s'approcher de Dieu avec assurance (Romains 8:15).

Un exemple concret pourrait être une Église où le pasteur surveille étroitement les interactions entre les membres, décourageant les petits groupes non officiels par peur qu'ils ne s'alignent pas sur sa vision. Les membres, intimidés, cessent de partager leurs luttes ou leurs révélations spirituelles, et l'Église perd sa vitalité. Ce climat de contrôle étouffe l'œuvre du Saint-Esprit, transformant l'Église en une coquille vide, dépourvue de la puissance divine.

3. Comment reconnaître l'Esprit de contrôle

Pour s'en libérer, il est crucial de reconnaître l'esprit de contrôle dans l'Église. Voici cinq signes révélateurs, accompagnés d'exemples pratiques :

- **Centralisation excessive de l'autorité** : Le pasteur ou un petit groupe de responsables prend toutes les décisions, marginalisant les anciens, les diacres, ou les membres. Par exemple, un pasteur refuse qu'un ministère de jeunes soit lancé sans son approbation directe, même si les responsables sont qualifiés ;

- **Manque de transparence** : Les finances, les décisions, ou les plans de l'Église sont gardés secrets, et les questions des membres sont perçues comme un manque de loyauté. Par exemple, un pasteur évite de partager le budget annuel, affirmant que « Dieu lui a donné la vision » ;
- **Peur de l'initiative** : Les membres hésitent à proposer des idées ou à exercer leurs dons, craignant un rejet ou une réprimande. Par exemple, une sœur avec un talent musical renonce à proposer un nouveau chant, ayant été critiquée pour une suggestion précédente ;
- **Surveillance des relations** : Le pasteur ou les responsables contrôlent les interactions entre les membres, décourageant les amitiés ou les groupes indépendants. Par exemple, un pasteur interdit les réunions de prière non officielles, arguant qu'elles pourraient conduire à des divisions et ;
- **Défense de l'autorité** : Toute remise en question, même respectueuse, est perçue comme une rebellion. Par exemple, un ancien qui suggère une approche différente pour les cultes est accusé de « *manquer de foi* ».

Ces signes peuvent être subtils, surtout si le pasteur est charismatique ou sincère. Cependant, ils révèlent un esprit de contrôle qui empêche l'Église de fonctionner comme le Corps de Christ, où chaque membre joue un rôle sous la direction du Saint-Esprit (**1 Corinthiens 12.27**).

Un parallèle biblique se trouve dans l'histoire de Saül, qui, par peur de perdre le contrôle, désobéit à Dieu et offre un sacrifice interdit (**1 Samuel 13.8-14**). Sa volonté de contrôler les circonstances, plutôt que de faire confiance à Dieu, lui coûte son onction. De même, un pasteur qui cherche à tout contrôler risque de perdre la bénédiction divine, car il place sa volonté au-dessus de celle de Dieu.

4. Les Causes de l'Esprit de contrôle

Pour comprendre comment s'en libérer, il est utile d'explorer les causes de l'esprit de contrôle. Bien que chaque situation soit unique, plusieurs facteurs contribuent à cette dérive :

- **Insécurité personnelle** : Un pasteur qui doute de sa légitimité peut chercher à contrôler pour se sentir validé. Par exemple, un jeune pasteur, craignant de ne pas être respecté, impose des règles strictes pour affirmer son autorité ;
- **Manque de formation ministérielle** : Sans une compréhension claire du modèle de gouvernance partagée (**Actes 15, 1 Timothée 3**), un pasteur peut adopter un style de leadership autoritaire, inspiré de modèles séculiers ou culturels ;
- **Pression communautaire** : Dans certaines Églises, les membres attendent du pasteur qu'il soit un leader tout-puissant, ce qui peut l'encourager à contrôler pour répondre à ces attentes et ;
- **Peur de l'échec** : Un pasteur peut craindre que, sans son contrôle, l'Église s'égare doctrinalement ou organisationnellement, le poussant à tout superviser.

Un exemple concret est celui d'un pasteur qui, après une division dans une Église précédente, devient hyper-vigilant dans sa nouvelle communauté. Il vérifie chaque sermon, approuve chaque décision, et décourage les initiatives, croyant protéger l'Église. **Bien que son intention soit bonne, son contrôle étouffe la liberté spirituelle.**

5. Comment s'en libérer : Restaurer la liberté du Saint-Esprit

S'en libérer de l'esprit de contrôle exige un retour à la Parole de Dieu, une repentance sincère, et des changements pratiques.

Voici cinq étapes pour restaurer la liberté du Saint-Esprit dans l'Église :

- **Repentance et examen de soi** : Les pasteurs et responsables doivent prier pour que Dieu révèle tout esprit de contrôle dans leur cœur. **Psaume 139.23-24** est un guide : « *Sonde-moi, ô Dieu, et connais mon cœur ! Éprouve-moi, et connais mes pensées !* » Un pasteur qui reconnaît son contrôle doit demander pardon à Dieu et, si nécessaire, à la communauté ;
- **Retour à la gouvernance biblique** : L'Église doit adopter un modèle de leadership partagé, où les anciens et les diacres ont un rôle actif (**1 Timothée 3:1-13**). Par exemple, un pasteur peut déléguer la gestion des ministères à des responsables qualifiés, tout en offrant un soutien et une supervision équilibrés ;
- **Encouragement des dons** : Les pasteurs doivent valoriser les dons spirituels des membres, en leur donnant l'espace pour servir et innover. Par exemple, organiser une réunion où les membres partagent leurs idées pour de nouveaux ministères peut libérer la créativité spirituelle ;
- **Transparence et reddition de comptes** : Les décisions, y compris financières, doivent être partagées avec la communauté, et les pasteurs doivent accepter la correction fraternelle (**Galates 6.1**). Par exemple, publier un rapport annuel clair et répondre aux questions des membres renforce la confiance et ;
- **Dépendance au Saint-Esprit** : L'Église doit prier pour la direction du Saint-Esprit, en évitant de s'appuyer sur des plans humains. Comme **Zacharie 4.6** le déclare : « *Ce n'est ni par la puissance ni par la force, mais c'est par mon Esprit, dit l'Éternel.* » Des temps de prière collective peuvent renouveler cette dépendance.

Dans une Église locale, un pasteur, conscient de son contrôle excessif, se repent publiquement et met en place un conseil d'anciens pour partager la prise de décision. Il encourage les membres à lancer des ministères selon leurs dons, et les cultes deviennent plus spontanés et joyeux. Cette libération de l'esprit de contrôle permet au Saint-Esprit de raviver la communauté, avec de nouveaux convertis et une unité renouvelée.

6. Conclusion

L'esprit de contrôle est une menace silencieuse qui étouffe l'œuvre du Saint-Esprit, restreint les dons, et crée un climat de peur dans l'Église locale. En le reconnaissant à travers ses signes – centralisation, manque de transparence, peur de l'initiative – et en comprenant ses causes, pasteurs et croyants peuvent prendre des mesures pour s'en libérer. En se repentant, en adoptant une gouvernance biblique, et en dépendant du Saint-Esprit, l'Église peut redevenir un lieu de liberté, de puissance, et de gloire pour Christ.

Mais que se passe-t-il lorsque l'esprit de contrôle, combiné à d'autres dérives, pousse une Église à franchir la ligne entre une communauté biblique et un groupe sectaire ? Le chapitre suivant explorera cette question cruciale, en proposant des critères pour discerner une Église véritable d'une secte, afin de protéger le peuple de Dieu des abus spirituels.

CHAPITRE 5 : ÉGLISE OU SECTE ? LÀ OÙ LE DISCERNEMENT EST VITAL

Dans les chapitres précédents, nous avons établi que l'Église appartient à Jésus-Christ seul (Chapitre 1), examiné les dérives où le pasteur se prend pour le propriétaire (Chapitre 2), exploré leurs conséquences spirituelles (Chapitre 3), et analysé l'esprit de contrôle comme une menace silencieuse (Chapitre 4). Ces dérives, lorsqu'elles s'accumulent, peuvent pousser une communauté au-delà d'une simple déviation : elles peuvent transformer une Église locale en un groupe sectaire, où la vérité biblique est éclipsée par l'autorité humaine. Cette transformation, souvent graduelle, est une tragédie spirituelle qui menace la liberté, la foi, et la mission des croyants.

Ce chapitre aborde une question cruciale : comment distinguer une Église véritable, centrée sur Christ, d'un groupe sectaire, centré sur l'homme ? À travers des critères bibliques, nous opposerons le Christocentrisme – une Église ancrée dans la Seigneurie de Jésus – à l'homme-centrisme, où un leader humain usurpe cette place. Nous examinerons les signes d'un groupe sectaire, les causes de cette dérive, et les moyens de protéger l'Église contre cette menace. Notre objectif est d'équiper pasteurs, responsables, et croyants avec le discernement nécessaire pour préserver l'intégrité spirituelle de l'Église locale, afin qu'elle demeure un phare de la vérité et de la gloire de Christ.

1. Christocentrisme vs Homme-centrisme : Une distinction fondamentale

La différence fondamentale entre une Église véritable et un groupe sectaire réside dans leur centre : une Église véritable est Christocentrique, c'est-à-dire centrée sur Jésus-Christ comme Seigneur, Sauveur, et Propriétaire, tandis qu'un groupe sectaire est homme-centrique, plaçant un leader humain – souvent le pasteur – au cœur de la communauté. Cette distinction est ancrée dans les Écritures, qui affirment que Christ est la tête de l'Église (**Colossiens 1.18**) et le seul fondement (**1 Corinthiens 3.11**).

Dans une Église Christocentrique, tout – l'adoration, l'enseignement, la gouvernance – vise à glorifier Jésus. Les sermons exalteront sa personne et son œuvre, les décisions seront prises en cherchant sa volonté à travers la prière et les Écritures, et les membres seront encouragés à grandir dans leur relation personnelle avec Lui. **Jean 16.14** souligne que le Saint-Esprit glorifie Christ, et une Église véritable reflète cette priorité. Par exemple, dans **Actes 2.42-47**, les premiers chrétiens se consacraient à l'enseignement des apôtres, à la communion, et à la prière, tout en voyant Dieu agir puissamment parmi eux, parce que Christ était au centre.

En revanche, un groupe sectaire est homme-centrique, où le pasteur ou un leader devient l'objet principal de l'attention et de la loyauté. Les sermons peuvent se focaliser sur les révélations personnelles du leader, les membres sont poussés à dépendre de lui pour leur vie spirituelle, et l'autorité humaine remplace la Parole de Dieu. Ce glissement peut être subtil, surtout si le leader est charismatique ou sincère, mais il est profondément destructeur. Paul avertit contre cette tendance dans **1 Corinthiens 1.12-13** : « *Je suis de Paul, moi d'Apollos, moi de Céphas... Christ est-il divisé ?* » Une Église qui exalte un homme au détriment de Christ s'éloigne de sa vocation divine.

Dans une Église Christocentrique, le pasteur encourage les membres à étudier les Écritures eux-mêmes, à prier directement à Dieu, et à exercer leurs dons pour édifier la communauté. Les cultes mettent l'accent sur l'adoration de Jésus et l'annonce de l'Évangile. En revanche, dans un groupe sectaire, le pasteur insiste sur son rôle d'intermédiaire, affirmant que ses enseignements sont indispensables pour comprendre la volonté de Dieu. Les membres sont découragés de remettre en question ses paroles, et les réunions tournent autour de sa personnalité. Cette focalisation sur l'homme est le premier pas vers une dérive sectaire.

2. Critères bibliques pour discerner une Église véritable d'un groupe sectaire

Pour aider les croyants à discerner une Église véritable d'un groupe sectaire, voici cinq critères bibliques, accompagnés d'exemples pratiques :

- **La centralité de Christ dans l'enseignement** : Une Église véritable prêche Christ crucifié, ressuscité, et souverain (**1 Corinthiens 2.2**). Ses enseignements sont ancrés dans les Écritures, et non dans les révélations personnelles d'un leader. Dans un groupe sectaire, les sermons se concentrent sur les visions, les expériences, ou les règles imposées par le pasteur, souvent au détriment de l'Évangile. Exemple : une Église où les sermons explorent les Écritures pour révéler Christ est Christocentrique, tandis qu'une communauté où le pasteur insiste sur ses « *révélations spéciales* » risque de devenir sectaire ;
- **La liberté spirituelle des croyants** : Une Église véritable encourage les membres à grandir dans leur relation avec Dieu, à exercer leurs dons, et à discerner la vérité par les Écritures (**Galates 5.1**). Un groupe sectaire impose un contrôle strict, décourageant l'autonomie spirituelle et exigeant une dépendance au leader ;
- **La transparence et la reddition de comptes** : Dans une Église véritable, les décisions, y compris financières, sont transparentes, et les leaders acceptent la correction (**Actes 15.22**). Dans un groupe sectaire, le leader évite la transparence, et toute critique est perçue comme une rébellion. Une Église qui publie ses comptes et consulte les anciens est biblique, tandis qu'un groupe où le pasteur gère les fonds en secret est suspect ;
- **L'amour et l'unité** : Une Église véritable cultive l'amour fraternel et l'unité dans la diversité, sous la direction de Christ (**Jean 13.34-35**). Un groupe sectaire favorise la division, opposant les « loyaux » au leader aux « dissidents ». Une Église qui résout les conflits par le dialogue et la prière est Christocentrique, tandis qu'un groupe qui excommunie les membres pour des désaccords mineurs est sectaire et ;
- **L'ouverture à l'examen** : Une Église véritable invite à tester ses enseignements à la lumière des Écritures, comme les Béréens (**Actes 17.11**). Un groupe sectaire décourage l'examen critique, affirmant que le leader détient une autorité incontestable. Une Église qui encourage les questions sur la doctrine est saine, tandis qu'un groupe qui accuse les questionneurs de manque de foi est sectaire.

Ces critères, tirés des Écritures, forment un guide pour discerner la nature d'une communauté. Un parallèle biblique se trouve dans **Apocalypse 2.2-3**, où l'Église d'Éphèse est félicitée pour avoir « *éprouvé ceux qui se disent apôtres et qui ne le sont pas* ». Ce discernement est vital pour protéger l'Église contre les dérives sectaires.

3. Les Signes d'un glissement vers une dynamique sectaire

Le passage d'une Église véritable à un groupe sectaire est souvent graduel, rendant le discernement difficile.

Voici quatre signes révélateurs d'un glissement vers une dynamique sectaire, avec des exemples concrets :

- **Exaltation du leader** : Le pasteur est présenté comme indispensable, avec des titres comme « *l'homme de Dieu* » ou « *le visionnaire* ». Les membres sont encouragés à lui vouer une loyauté absolue. Un pasteur qui insiste pour que ses sermons soient suivis comme des « oracles divins » crée une dynamique sectaire ;
- **Isolation des membres** : Le groupe décourage les relations avec d'autres chrétiens ou Églises, affirmant qu'il détient la « *vérité exclusive* ». Une communauté qui interdit à ses membres d'assister à des conférences extérieures, sous prétexte qu'elles sont « *contaminées* », montre des tendances sectaires ;
- **Manipulation émotionnelle** : Le leader utilise la peur, la culpabilité, ou la honte pour maintenir le contrôle. Exemple : un pasteur qui menace les membres de « malédictions » s'ils quittent l'Église manipule leur foi, un signe clair de sectarisme et ;
- **Distorsion des Écritures** : Les enseignements s'éloignent de la saine doctrine, en mettant l'accent sur des règles ou des révélations propres au leader. Un groupe qui impose des pratiques non bibliques, comme des rituels spécifiques pour « *recevoir l'onction* », risque de devenir sectaire.

C'est le cas d'une Église où le pasteur, initialement fervent, commence à exiger que les membres assistent à chaque réunion sous peine de « *désobéissance à Dieu* ». Il critique les autres Églises comme « *tièdes* » et insiste sur ses propres enseignements comme la seule vérité. Peu à peu, les membres deviennent isolés, craintifs, et dépendants, signe que l'Église glisse vers une dynamique sectaire.

4. Les Causes du glissement sectaire

Pourquoi une Église peut-elle basculer dans une dynamique sectaire ? Plusieurs facteurs contribuent à cette dérive :

- **Culmination des dérives précédentes** : L'esprit de contrôle, l'autoritarisme, et le culte de la personnalité (Chapitres 2 et 4) créent un terrain fertile pour le sectarisme. Un pasteur qui se prend pour le propriétaire est plus susceptible de devenir un leader sectaire ;
- **Manque de discernement** : Les membres, par manque de maturité spirituelle ou d'enseignement biblique, peuvent accepter les abus sans les reconnaître (**Osée 4.6**). Un pasteur charismatique peut exploiter cette vulnérabilité ;
- **Insécurités du leader** : Un pasteur qui craint de perdre son autorité peut resserrer son contrôle, isolant la communauté pour maintenir son pouvoir et ;
- **Influences culturelles** : Dans certaines cultures, l'admiration excessive pour les leaders spirituels peut encourager une dynamique sectaire, surtout si la communauté valorise l'obéissance aveugle.

C'est le cas d'un pasteur qui, après un conflit avec les anciens, décide de s'entourer uniquement de membres loyaux, affirmant qu'il est le seul à avoir « *la vision de Dieu* ». Les membres, impressionnés par son charisme, acceptent cette centralisation, et l'Église devient un groupe fermé, centré sur lui.

5. Comment protéger l'Église et s'en libérer

Pour éviter le glissement sectaire et restaurer une Église Christocentrique, voici cinq étapes pratiques, ancrées dans les Écritures :

- **Recentrer sur Christ** : L'Église doit réaffirmer la Seigneurie de Jésus dans l'enseignement, l'adoration, et la gouvernance (**Colossiens 1.18**). Par exemple, organiser une série d'études sur la personne de Christ peut réorienter la communauté ;
- **Encourager le discernement** : Former les membres à étudier les Écritures et à tester les enseignements, comme les Béréens (**Actes 17.11**). Des groupes d'étude biblique peuvent renforcer ce discernement ;
- **Promouvoir la liberté** : Les pasteurs doivent libérer les membres du contrôle, en valorisant leurs dons et leur autonomie spirituelle (**Galates 5.1**). Par exemple, déléguer des ministères à des membres qualifiés montre une confiance en l'œuvre du Saint-Esprit ;
- **Ouvrir la communauté** : L'Église doit entretenir des relations avec d'autres Églises et ministères, évitant l'isolement (**1 Corinthiens 12.12-14**). Participer à des conférences inter-Églises peut briser les tendances sectaires ;
- **Repentance et restauration** : Si des dérives sectaires sont identifiées, le pasteur et la communauté doivent se repentir, demander pardon, et restaurer une gouvernance biblique (**Apocalypse 2.5**).

Dans une Église au bord du sectarisme, le pasteur reconnaît que son contrôle a isolé la communauté. Il se repent, invite des pasteurs extérieurs pour enseigner, et encourage les membres à lancer des ministères. L'Église retrouve sa vitalité, les membres grandissent dans leur foi, et Christ est de nouveau exalté.

6. Conclusion

La distinction entre une Église véritable et un groupe sectaire repose sur une question essentielle : qui est au centre, Christ ou l'homme ? Une Église Christocentrique glorifie Jésus, libère les croyants, et s'ancre dans les Écritures, tandis qu'un groupe sectaire exalte un leader, opprime, et s'éloigne de la vérité. En appliquant des critères bibliques, en reconnaissant les signes du sectarisme, et en prenant des mesures pour protéger l'Église, pasteurs et croyants peuvent préserver l'intégrité spirituelle de la communauté.

Mais que se passe-t-il lorsque ces dérives culminent au point que Dieu Lui-même semble absent d'un lieu appelé « *Église* » ? Le chapitre suivant, basé sur **Apocalypse 2–3**, explorera les signes d'un chandelier ôté et les moyens de restaurer la Présence divine dans l'Église locale.

CHAPITRE 6 : QUAND DIEU QUITTE UN LIEU QU'ON APPELLE "ÉGLISE"

Dans les chapitres précédents, nous avons établi que l'Église appartient à Jésus-Christ (Chapitre 1), examiné les dérives où le pasteur se prend pour le propriétaire (Chapitre 2), exploré leurs conséquences spirituelles (Chapitre 3), analysé l'esprit de contrôle (Chapitre 4), et distingué une Église véritable d'un groupe sectaire (Chapitre 5). Ces dérives, lorsqu'elles ne sont pas corrigées, peuvent conduire à une tragédie spirituelle ultime : une Église locale peut continuer à fonctionner – avec des cultes, des sermons, et des activités – mais perdre la Présence divine, devenant un simple lieu d'activité religieuse sans la vie de Dieu. Dans Apocalypse 2–3, Jésus adresse des avertissements solennels aux sept Églises d'Asie Mineure, menaçant certaines de retirer leur « *chandelier* » si elles ne se repentent pas. Ce chandelier symbolise la lumière et la présence de Dieu ; son retrait marque la perte de la vocation divine de l'Église.

Ce chapitre explore ce que signifie pour Dieu « *quitter* » un lieu qu'on appelle « *Église* ». À travers une étude d'Apocalypse 2–3, nous identifierons les signes d'un chandelier ôté, examinerons les causes de cette perte, et proposerons des moyens de restaurer la Présence divine. Notre objectif est d'éveiller pasteurs, responsables, et croyants à l'urgence de maintenir une Église vivante, centrée sur Christ, afin qu'elle ne devienne pas une coquille vide, dépourvue de la gloire de Dieu.

1. Le Chandelier ôté : Une menace solennelle (Apocalypse 2–3)

Dans **Apocalypse 2–3**, Jésus s'adresse aux sept Églises d'Asie Mineure – Éphèse, Smyrne, Pergame, Thyatire, Sardes, Philadelphie, et Laodicée – par des lettres qui révèlent leur état spirituel. Ces messages, bien qu'adressés à des Églises spécifiques du 1er siècle, contiennent des vérités universelles pour toutes les Églises locales. À plusieurs reprises, Jésus avertit que le « *chandelier* » peut être ôté si l'Église ne se repent pas, comme dans **Apocalypse 2.5** à Éphèse : « *Souviens-toi donc d'où tu es tombé, repens-toi, et pratique tes premières œuvres ; sinon, je viendrai à toi, et j'ôterai ton chandelier de sa place, à moins que tu ne te repentes.* »

Le chandelier (grec *luchnia*), mentionné dans **Apocalypse 1.20**, symbolise la lumière spirituelle de l'Église, sa capacité à refléter la gloire de Dieu et à éclairer le monde. Une Église dont le chandelier est ôté n'est pas nécessairement fermée ou détruite physiquement ; elle peut continuer à exister, avec des bâtiments, des cultes, et des membres, mais elle perd sa vitalité spirituelle, devenant une ombre de ce qu'elle était appelée à être. Cette menace est solennelle, car elle indique que Dieu, dans sa sainteté, ne tolère pas indéfiniment les dérives qui déshonorent son nom.

Un exemple biblique antérieur illustre ce principe. Dans **Ézéchiel 10.18-19**, la gloire de Dieu quitte le temple de Jérusalem en raison de l'idolâtrie et de l'injustice du peuple. Bien que le temple reste debout, il devient un lieu vide, dépourvu de la Présence divine. De même, une Église locale peut continuer ses activités, mais si elle s'éloigne de Christ, elle risque de perdre la lumière qui la définit.

C'est le cas d'une Église qui, autrefois vibrante, s'est laissée dominer par l'autoritarisme et le culte de la personnalité d'un pasteur. Les cultes sont bien organisés, mais les membres ressentent un vide spirituel. Les conversions sont rares, les prières semblent stériles, et la communauté stagne. Ce vide est un signe que le chandelier a été ôté, ou est en train de l'être, car l'Église ne reflète plus la gloire de Christ.

2. Les Signes d'un chandelier ôté

Comment reconnaître qu'une Église a perdu la Présence divine ? Apocalypse 2–3 offre des indices clairs, qui se manifestent dans les Églises locales d'aujourd'hui.

Voici cinq signes révélateurs, accompagnés d'exemples :

1. **Perte de l'amour premier** (**Apocalypse 2.4**) : L'Église d'Éphèse est louée pour sa persévérance, mais Jésus lui reproche d'avoir « *abandonné son premier amour* ». Ce manque d'amour pour Christ et pour les autres éteint la ferveur spirituelle. Une Église où les cultes sont devenus routiniers, sans adoration passionnée ni compassion pour les perdus, montre ce signe ;
2. **Compromis doctrinal** (**Apocalypse 2.14-15**) : À Pergame, certains tolèrent les enseignements de Balaam et des Nicolaïtes, compromettant la vérité. Une Église qui accepte des doctrines contraires aux Écritures, souvent pour plaire au pasteur ou au monde, perd sa lumière. Une communauté qui néglige l'enseignement biblique au profit des idées personnelles du pasteur risque ce compromis ;
3. **Apparence sans vie** (**Apocalypse 3.1**) : Sardes a « *la réputation d'être vivante* », mais Jésus la déclare « *morte* ». Une Église qui maintient des activités extérieures – cultes, programmes, événements – mais manque de fruits spirituels est en danger. Une Église avec un grand bâtiment et des concerts, mais sans conversions ni croissance spirituelle, reflète ce vide ;
4. **Autosuffisance** (**Apocalypse 3.17**) : Laodicée est tiède, se croyant « *riche* » mais étant « *misérable, aveugle, et nue* ». Une Église qui s'appuie sur ses ressources humaines – finances, talents, ou popularité – plutôt que sur Dieu perd sa dépendance au Saint-Esprit. Une communauté qui se vante de son succès matériel, mais néglige la prière, montre ce signe et ;
5. **Tolérance du péché** (**Apocalypse 2.20**) : À Thyatire, Jésus reproche à l'Église de tolérer Jézabel, une fausse prophétesse qui entraîne le peuple dans l'immoralité. Une Église qui ferme les yeux sur le péché, souvent pour préserver l'autorité du leader, s'éloigne de la sainteté de Dieu. Une Église qui ignore les abus d'un pasteur par peur de diviser la communauté est en péril.

Ces signes, tirés d'Apocalypse 2–3, sont des avertissements pour les Églises modernes. C'est le cas d'une Église où les sermons évitent les sujets difficiles comme le péché ou la repentance, où les membres assistent par habitude, et où le pasteur domine sans reddition de comptes. Bien que l'Église semble active, elle manque de la puissance transformative de Dieu, un indice que son chandelier est menacé.

3. Les Causes de la perte de la Présence divine

Pourquoi une Église perd-elle la Présence divine ? Les livres d'Apocalypse 2–3 et les chapitres précédents de ce livre pointent vers plusieurs causes, souvent liées à l'appropriation humaine de l'Église :

- **Centralisation sur l'homme** : Comme vu dans les chapitres 2 et 5, le culte de la personnalité ou l'esprit de contrôle place le pasteur au centre, éclipsant Christ. Cette idolâtrie subtile offense la sainteté de Dieu, qui ne partage pas sa gloire (**Ésaïe 42.8**) ;
- **Négligence spirituelle** : La perte de l'amour premier (Éphèse) ou la tiédeur (Laodicée) reflète un manque de prière, d'adoration fervente, et d'obéissance à la Parole. Une Église qui ne cherche pas Dieu s'éloigne de sa Présence (**Jérémie 29.13**) ;
- **Compromis avec le monde** : Tolérer le péché ou adopter des valeurs mondaines, comme à Pergame ou Thyatire, invite le jugement divin. Une Église qui cherche à plaire au monde plutôt qu'à Dieu perd sa lumière (**Jacques 4.4**) et ;
- **Autosuffisance** : Comme à Laodicée, une Église qui s'appuie sur ses propres forces – richesse, organisation, ou charisme du pasteur – néglige sa dépendance au Saint-Esprit, essentiel à sa vitalité (**Zacharie 4.6**).

C'est par exemple une Église qui, sous la direction d'un pasteur autoritaire, commence à tolérer des pratiques non bibliques pour attirer plus de membres. Les anciens, marginalisés, ne s'opposent pas, et la prière collective est remplacée par des stratégies marketing. Peu à peu, la communauté perd sa ferveur, et la Présence de Dieu s'estompe, car l'Église s'est détournée de son Propriétaire.

4. Les conséquences d'un chandelier ôté

Lorsqu'une Église perd la Présence divine, les conséquences sont profondes et dévastatrices :

- **Stérilité spirituelle** : L'Église cesse de porter du fruit – conversions, guérisons, ou croissance dans la foi (**Jean 15.5**). Les cultes deviennent des rituels vides, sans impact transformateur ;
- **Division et confusion** : Sans la direction du Saint-Esprit, les conflits s'intensifient, et les membres perdent leur unité (**1 Corinthiens 1.10**). L'Église peut se fracturer ou stagner ;
- **Perte de témoignage** : Une Église sans lumière ne peut plus être « *le sel de la terre* » ni « *la lumière du monde* » (**Matthieu 5.13-16**). Son influence dans la société s'efface et ;
- **Jugement divin** : Comme vu dans le chapitre 3, Dieu peut intervenir, soit en exposant les dérives, soit en permettant à l'Église de s'effondrer (**Apocalypse 2.5**). Cela peut se manifester par des scandales, des départs massifs, ou une fermeture.

C'est le cas d'une Église autrefois dynamique, mais qui, après des années de compromis et de contrôle pastoral, voit ses membres partir les uns après les autres. Les cultes, bien que bien organisés, manquent de vie, et la communauté perd son impact dans la ville. Ce déclin est un signe que la Présence divine s'est éloignée, laissant l'Église dans l'ombre.

5. Restaurer la Présence divine : Un appel à la repentance

La bonne nouvelle des lettres d'**Apocalypse 2–3** est que la perte du chandelier n'est pas irréversible. Jésus appelle chaque Église à se repentir et à revenir à Lui.

Voici cinq étapes pratiques pour restaurer la Présence divine, ancrées dans les Écritures :

- **Repentance sincère** : Pasteurs et membres doivent confesser leurs dérives – contrôle, compromis, ou tiédeur – et demander pardon à Dieu (**Apocalypse 2.5**). Une réunion de prière communautaire peut marquer ce tournant ;
- **Retour à l'amour premier** : Comme à Éphèse, l'Église doit raviver son amour pour Christ à travers l'adoration fervente, la prière, et l'obéissance (**Jean 14.15**). Des cultes centrés sur Jésus peuvent renouveler cette passion ;
- **Purification doctrinale** : L'Église doit examiner ses enseignements à la lumière des Écritures, rejetant tout compromis ou distorsion (**2 Timothée 3.16-17**). Une série d'études bibliques peut rétablir la saine doctrine ;
- **Dépendance au Saint-Esprit :** L'Église doit chercher la direction et la puissance de l'Esprit, en évitant l'autosuffisance (**Actes 1.8**). Des temps de jeûne et de prière collective peuvent inviter un renouveau spirituel et ;
- **Leadership humble** : Les pasteurs doivent adopter une posture de serviteurs, partageant l'autorité avec les anciens et valorisant les dons des membres (**1 Pierre 5.2-3**). Une gouvernance biblique peut prévenir de nouvelles dérives.

Dans une Église en déclin, le pasteur, conscient du vide spirituel, organise une réunion de repentance où il confesse son autoritarisme. La communauté se consacre à la prière et à l'étude biblique, et les membres sont encouragés à exercer leurs dons. Peu à peu, les cultes retrouvent leur ferveur, de nouveaux croyants arrivent, et la Présence de Dieu revient avec puissance. Cet exemple montre que la repentance et l'obéissance peuvent restaurer le chandelier.

6. Conclusion

Quand Dieu quitte un lieu qu'on appelle « *Église* », c'est une tragédie spirituelle marquée par la perte du chandelier – la lumière et la Présence divine. Les signes, comme la perte de l'amour premier, le compromis doctrinal, ou l'autosuffisance, sont des avertissements clairs tirés d'**Apocalypse 2–3**. Mais Jésus, dans sa grâce, offre un chemin de restauration par la repentance, le retour à Lui, et la dépendance au Saint-Esprit. Pasteurs et croyants doivent prendre ces avertissements au sérieux, afin que l'Église locale reste un lieu vivant, reflétant la gloire de Christ.

Après avoir exploré les dérives et leurs conséquences, il est temps de se tourner vers le remède. Le chapitre suivant présentera le modèle biblique de gouvernance, où anciens, diacres, et pasteurs travaillent ensemble pour honorer Christ, offrant une alternative aux abus humains et un chemin vers une Église équilibrée.

TROISIÈME PARTIE
LES SOLUTIONS FACE AUX DÉRIVES HUMAINES

CHAPITRE 7 : LES ANCIENS, LES DIACRES ET LE PASTEUR : UNE ÉGLISE ÉQUILIBRÉE

Dans les chapitres précédents, nous avons exploré les dérives graves qui surviennent lorsque le pasteur s'approprie l'Église locale, entraînant des conséquences spirituelles comme la perte de l'onction, le retrait du Saint-Esprit, ou même un glissement vers une dynamique sectaire (Chapitres 2–5). Nous avons également vu, à travers Apocalypse 2–3, les signes d'une Église qui a perdu la Présence divine (Chapitre 6). Ces avertissements soulignent une vérité cruciale : une Église locale ne peut prospérer que si elle est gouvernée selon le plan de Dieu, et non selon les ambitions ou les faiblesses humaines. Face à l'autoritarisme, au contrôle, et à l'homme-centrisme, la Parole de Dieu offre une alternative : un modèle de gouvernance équilibré, où pasteurs, anciens, et diacres travaillent ensemble sous l'autorité de Christ.

Ce chapitre présente le modèle biblique de gouvernance, tel qu'il est décrit dans les Actes des Apôtres et les Épîtres pastorales (1 Timothée, Tite). Nous examinerons les rôles distincts mais complémentaires des anciens, des diacres, et du pasteur, en mettant l'accent sur l'autorité partagée, la reddition de comptes, et le fonctionnement en équipe. À travers une étude des Écritures, des exemples pratiques, et des applications concrètes, nous montrerons comment ce modèle protège l'Église des dérives humaines et la rend capable de refléter la gloire de son véritable Propriétaire, Jésus-Christ. Notre objectif est d'équiper pasteurs, responsables, et croyants pour bâtir des Églises locales équilibrées, dynamiques, et centrées sur Christ.

1. Le Modèle biblique de gouvernance : Une autorité partagée

Le Nouveau Testament présente un modèle de gouvernance qui repose sur l'autorité partagée, où plusieurs responsables collaborent sous la direction du Saint-Esprit pour guider l'Église. Ce modèle contraste avec la centralisation excessive observée dans les dérives décrites dans les chapitres précédents. Dans **Actes 14.23**, Paul et Barnabas « *établirent des anciens dans chaque Église* », indiquant que la direction de l'Église locale était confiée à un groupe d'anciens, et non à un seul individu. De même, dans **Actes 15**, le concile de Jérusalem montre les apôtres et les anciens délibérant ensemble pour prendre des décisions doctrinales, sous la guidance du Saint-Esprit (**Actes 15.28** : « *Il a paru bon au Saint-Esprit et à nous…* »).

Ce modèle d'autorité partagée est renforcé dans les Épîtres pastorales. Dans **1 Timothée 5.17**, Paul écrit : « *Que les anciens qui dirigent bien soient jugés dignes d'un double honneur, surtout ceux qui travaillent à la prédication et à l'enseignement.* » Le terme « *anciens* » (grec *presbuteros*) est au pluriel, suggérant une équipe de leaders. De même, dans Tite 1:5, Paul instruit Tite d'« *établir des anciens dans chaque ville* ». Cette pluralité protège l'Église contre les abus d'un leadership solitaire, car les anciens se soutiennent mutuellement, se corrigent, et partagent les responsabilités.

L'autorité partagée ne signifie pas l'absence de leadership clair. Le pasteur, souvent considéré comme un ancien spécialisé dans la prédication et l'enseignement (**Éphésiens 4.11**), joue un rôle central, mais il n'est pas un monarque. Il travaille en collaboration avec les anciens et les diacres, sous l'autorité ultime de Christ, la « *tête de l'Église* » (**Colossiens 1.18**). Ce modèle reflète l'humilité et la soumission mutuelle enseignées par Jésus : « *Quiconque veut être le premier parmi vous, qu'il soit votre serviteur* » (**Matthieu 20.26-27**).

Dans une Église locale, le pasteur propose une nouvelle initiative, comme un programme d'évangélisation. Au lieu de l'imposer, il consulte les anciens, qui prient et évaluent la proposition à la lumière des Écritures. Les diacres, responsables des aspects pratiques, organisent la logistique. Cette collaboration assure que la décision reflète la volonté de Dieu, et non l'agenda d'un seul homme.

2. Les Rôles complémentaires : Anciens, Diacres, et Pasteur

Le modèle biblique de gouvernance repose sur trois rôles complémentaires : les anciens, les diacres, et le pasteur. Chacun a des responsabilités spécifiques, mais tous travaillent ensemble pour édifier l'Église.

- **Les Anciens** (*Presbuteros*) : Les anciens sont des leaders spirituels chargés de superviser, enseigner, et protéger l'Église. Dans **1 Pierre 5.1-2**, Pierre exhorte les anciens à « *paître le troupeau de Dieu [...] non par contrainte, mais volontairement* ». Ils veillent sur la saine doctrine (**Tite 1.9**), résolvent les conflits (**Actes 15.6**), et prient pour les malades (**Jacques 5.14**). Leur qualification, décrite dans **1 Timothée 3.1-7** et **Tite 1.5-9**, inclut l'intégrité, la maturité spirituelle, et la capacité à enseigner. Les anciens forment une équipe, garantissant que l'Église reste fidèle à Christ ;
- **Les Diacres** (*Diakonos*) : Les diacres sont des serviteurs pratiques qui soutiennent les besoins matériels et organisationnels de l'Église. Dans **Actes 6.1-6**, les apôtres choisissent sept diacres pour gérer la distribution de nourriture, permettant aux leaders spirituels de se consacrer à la prière et à la Parole. Les qualifications des diacres, énoncées dans **1 Timothée 3.8-13**, mettent l'accent sur l'honnêteté, la fidélité, et une vie exemplaire. Les diacres libèrent les anciens et le pasteur des tâches pratiques, assurant un fonctionnement harmonieux ;
- **Le Pasteur** (*Poimēn*) : Le terme « *pasteur* » (grec *poimēn*, « *berger* ») désigne un leader spirituel qui guide, enseigne, et protège le troupeau. Dans **Éphésiens 4.11**, le pasteur est un don de Christ pour équiper les saints. Souvent, le pasteur est un ancien spécialisé dans la prédication et la direction spirituelle, mais il n'est pas au-dessus des autres anciens. Son rôle est de servir, comme Jésus, le « *bon berger* » (**Jean 10:11**), et non de dominer.

Ces rôles sont interdépendants. Les anciens assurent la direction spirituelle, les diacres gèrent les besoins pratiques, et le pasteur guide avec une vision pastorale, mais tous se soumettent à Christ et collaborent en équipe. C'est le cas d'une Église où les anciens dirigent les études bibliques et les décisions doctrinales, les diacres organisent l'aide aux pauvres, et le pasteur prêche et forme les nouveaux convertis. Cette complémentarité crée une Église équilibrée, où aucun individu ne monopolise le pouvoir.

3. La Reddition de comptes : Une protection contre les dérives

Un élément clé du modèle biblique est la reddition de comptes, qui protège l'Église des dérives comme l'autoritarisme ou l'esprit de contrôle (Chapitres 2 et 4). Les Écritures insistent sur l'importance de la correction mutuelle et de la transparence. Dans **Galates 6.1**, Paul écrit : « *Frères, si un homme vient à être surpris en quelque faute, vous qui êtes spirituels, redressez-le* *avec un esprit de douceur.* » Cette correction s'applique à tous, y compris les pasteurs et les anciens.

La reddition de comptes fonctionne à plusieurs niveaux :

- **Entre anciens** : Les anciens se soutiennent et se corrigent mutuellement, empêchant un seul leader de dominer. Dans **1 Timothée 5.19-20**, Paul donne des instructions pour traiter les accusations contre un ancien, soulignant l'importance de la justice et de la transparence.
- **Entre le pasteur et les anciens** : Le pasteur, même s'il est le principal prédicateur, doit rendre compte aux anciens de ses décisions et de son ministère. Cela prévient les décisions unilatérales (Chapitre 2).
- **Envers la communauté** : Les leaders doivent être transparents sur les finances, les projets, et les décisions, renforçant la confiance des membres (**Actes 6:3-5**).

C'est le cas d'une Église où le pasteur propose un changement dans l'ordre du culte. Les anciens examinent la proposition, et l'un d'eux soulève une objection, suggérant une approche plus biblique. Le pasteur accepte la correction, et la décision est ajustée après prière collective. Cette reddition de comptes préserve l'unité et l'intégrité de l'Église.

En revanche, l'absence de reddition de comptes ouvre la porte aux abus. Comme vu dans les chapitres précédents, un pasteur qui agit sans contrôle peut glisser vers l'autoritarisme ou le sectarisme. Le modèle biblique, avec sa structure d'équipe, est une barrière contre ces dérives.

4. Les Avantages d'une Église équilibrée

Une Église gouvernée selon le modèle biblique offre de nombreux avantages, qui contrastent avec les conséquences des dérives humaines :

- **Protection contre les abus** : L'autorité partagée et la reddition de comptes empêchent un seul leader de s'approprier l'Église, préservant sa Christocentricité (Chapitre 5) ;
- **Édification des membres** : En valorisant les dons de chacun – anciens, diacres, et membres – l'Église devient un lieu de croissance spirituelle (**Éphésiens 4.12**). Les membres se sentent impliqués et libres de servir ;
- **Unité et harmonie** : La collaboration entre leaders favorise l'unité, car les décisions reflètent un consensus guidé par l'Esprit (**1 Corinthiens 1.10**) et ;
- **Vitalité spirituelle** : Une Église équilibrée dépend du Saint-Esprit, évitant l'autosuffisance (Chapitre 6). Cela se traduit par des cultes vibrants, des conversions, et des fruits spirituels.

Dans une Église locale, le pasteur travaille avec cinq anciens et un groupe de diacres. Les anciens dirigent les ministères spirituels, comme la formation des disciples, tandis que les diacres gèrent l'aide communautaire. Le pasteur prêche et coordonne la vision, mais consulte régulièrement ses collègues. Résultat : l'Église prospère, les membres exercent leurs dons, et la communauté attire de nouveaux croyants par son amour et sa vitalité.

5. Mettre en pratique le modèle biblique

Comment une Église peut-elle adopter ou restaurer ce modèle biblique de gouvernance ? Voici cinq étapes pratiques, ancrées dans les Écritures :

- **Identifier des anciens qualifiés** : L'Église doit prier pour discerner des hommes mûrs, intègres, et capables d'enseigner, selon **1 Timothée 3.1-7**. Une période de formation peut préparer ces leaders.
- **Établir des diacres** : Choisir des serviteurs fidèles pour gérer les besoins pratiques, comme dans **Actes 6.3**. Les diacres doivent être formés pour comprendre leur rôle complémentaire.
- **Définir les rôles** : Clarifier les responsabilités du pasteur, des anciens, et des diacres, en évitant toute centralisation. Un document écrit peut formaliser cette structure.
- **Instaurer la reddition de comptes** : Mettre en place des réunions régulières où les leaders partagent leurs décisions et acceptent la correction (**Galates 6.1**). La transparence financière est essentielle.
- **Former la communauté** : Enseigner aux membres le modèle biblique, afin qu'ils soutiennent et respectent leurs leaders tout en restant vigilants (**Hébreux 13.17**).

C'est le cas d'une Église qui, après des années de leadership autoritaire, décide de se réformer. Le pasteur, convaincu par l'étude des Écritures, nomme trois anciens qualifiés et forme deux diacres pour gérer les finances et l'aide sociale. Des réunions mensuelles sont instaurées pour discuter des décisions, et les membres sont formés sur le rôle de chacun. Cette transition ramène l'équilibre, la joie, et la puissance spirituelle dans la communauté.

6. Conclusion

Le modèle biblique de gouvernance, avec ses anciens, diacres, et pasteur travaillant en équipe, est la réponse divine aux dérives humaines qui menacent l'Église locale. En partageant l'autorité, en pratiquant la reddition de comptes, et en valorisant les dons de chacun, ce modèle protège l'Église des abus, favorise l'unité, et permet au Saint-Esprit d'agir librement. Pasteurs et responsables sont appelés à embrasser cette vision humble et collaborative, pour que l'Église reflète la gloire de son Propriétaire, Jésus-Christ.

Le chapitre suivant examinera un exemple historique de ce modèle à travers l'enseignement et la pratique de William Branham au Branham Tabernacle, montrant comment une Église locale peut fonctionner en équilibre tout en restant fidèle à la Parole de Dieu.

CHAPITRE 8 : CE QUE FRÈRE BRANHAM A ENSEIGNÉ ET PRATIQUÉ AU BRANHAM TABERNACLE

Dans les chapitres précédents, nous avons exploré les dérives humaines qui menacent l'Église locale – de l'appropriation par le pasteur (Chapitre 2) à la perte de la Présence divine (Chapitre 6) – et présenté le modèle biblique de gouvernance comme une solution équilibrée, avec anciens, diacres, et pasteur travaillant en équipe (Chapitre 7). Ce modèle, ancré dans les Actes des Apôtres et les Épîtres pastorales, offre une alternative aux abus de pouvoir et à l'homme-centrisme. Mais comment ce modèle s'incarne-t-il dans une Église locale concrète ? Pour répondre à cette question, nous nous tournons vers l'exemple historique du Branham Tabernacle, dirigé par William Branham, affectueusement appelé « *Frère Branham* » par ses contemporains. Ce ministère, centré sur la Parole de Dieu, illustre comment une Église peut fonctionner avec équilibre spirituel et administratif tout en restant fidèle à la mission de Christ.

Ce chapitre propose un résumé historique et spirituel de ce que Frère Branham a enseigné et pratiqué au Branham Tabernacle, en mettant en lumière le fonctionnement des offices, l'administration équilibrée, et l'accent sur la prédication biblique. À travers une analyse de son ministère, des exemples pratiques, et des applications pour aujourd'hui, nous montrerons comment le Branham Tabernacle reflétait les principes bibliques de gouvernance et de ministère décrits dans les chapitres précédents. Notre objectif est d'inspirer pasteurs, responsables, et croyants à appliquer ces principes dans leurs propres Églises, pour qu'elles honorent Christ, le véritable Propriétaire.

1. Le contexte du Branham Tabernacle : une église centrée sur la Parole

William Branham (1909–1965), connu pour son ministère de prédication et de guérison, a fondé le Branham Tabernacle à Jeffersonville, Indiana, dans les années 1930. Ce lieu est devenu le centre de son ministère local, où il prêchait, enseignait, et guidait une communauté de croyants. Contrairement à certaines perceptions modernes qui associent Branham à des mouvements controversés, le Branham Tabernacle demeure, comme au temps du Prophète, une Église évangélique simple, axée sur la Bible, l'adoration fervente, et la dépendance au Saint-Esprit. Branham lui-même insistait sur le retour à la Parole de Dieu comme autorité suprême, un principe qui façonnait chaque aspect du fonctionnement de l'Église.

Le contexte du Branham Tabernacle était marqué par un réveil spirituel dans l'Amérique du milieu du 20e siècle, notamment à travers le mouvement de guérison des années 1940–1950. Branham, convaincu que l'Église devait revenir à la foi apostolique, prêchait un message de repentance, de sainteté, et de fidélité aux Écritures. Cette vision influençait la gouvernance et les pratiques du Tabernacle, qui cherchait à refléter le modèle des premières Églises décrites dans **Actes 2.42-47** : enseignement, communion, prière, et signes de la puissance de Dieu.

Un exemple concret peut illustrer cette centralité de la Parole. Lors des cultes au Branham Tabernacle, Branham passait des heures à exposer les Écritures, souvent verset par verset, encourageant les membres à vérifier ses enseignements dans leur Bible. Cette approche reflétait l'appel de **2 Timothée 3.16-17** : « *Toute Écriture est inspirée de Dieu, et utile pour enseigner, pour convaincre, pour corriger, pour instruire dans la justice.* » En plaçant la Parole au centre, le Tabernacle évitait l'homme-centrisme dénoncé dans le chapitre 5.

2. Le Fonctionnement des offices : Une adoration fervente et participative

Les offices (cultes) au Branham Tabernacle étaient marqués par une adoration fervente, une participation communautaire, et une dépendance au Saint-Esprit, des caractéristiques qui rappellent les premières Églises du Nouveau Testament. Branham enseignait que le culte devait être un moment où les croyants rencontrent Dieu, non un spectacle centré sur le prédicateur. Cette approche contrastait avec le culte de la personnalité décrit dans le chapitre 2.

- **Adoration et prière** : Les cultes commençaient souvent par des chants simples, tirés des hymnes traditionnels, suivis de prières collectives. Branham encourageait les membres à participer activement, que ce soit par des témoignages ou des prières spontanées, reflétant **1 Corinthiens 14.26** : « *Quand vous vous assemblez, chacun a-t-il un psaume, une instruction, une révélation ? Que tout se fasse pour l'édification.* » ;

- **Prédication centrée sur Christ** : Les sermons de Branham se concentraient sur Jésus-Christ – sa divinité, sa rédemption, et son retour imminent. Il évitait de se mettre en avant, redirigeant l'attention vers la Parole, comme Paul dans **1 Corinthiens 2.2** : « *Je n'ai rien voulu savoir parmi vous, sinon Jésus-Christ, et Jésus-Christ crucifié.* »

- **Ministère du Saint-Esprit** : Branham croyait que le Saint-Esprit devait agir librement dans les cultes, que ce soit par des guérisons, des prophéties, ou des révélations. Cela reflétait **Actes 2.17-18**, où l'Esprit est répandu sur tous les croyants. Les membres étaient encouragés à exercer leurs dons, évitant l'esprit de contrôle dénoncé dans le chapitre 4.

Après un temps de chants, un membre partage un témoignage de guérison, suivi d'une prière collective. Branham prêche pendant une heure sur un passage comme **Jean 3.16**, expliquant la grâce de Christ. À la fin, il prie pour les malades, et plusieurs rapportent des guérisons. Ce format, participatif et centré sur Dieu, favorisait une atmosphère où le Saint-Esprit pouvait agir.

3. L'Administration équilibrée : Une gouvernance collaborative

Le Branham Tabernacle incarnait les principes de gouvernance équilibrée décrits dans le chapitre 7, avec une administration qui évitait la centralisation excessive. Bien que Branham soit le pasteur principal, il ne dirigeait pas seul. Il travaillait avec des anciens et des diacres, qui partageaient les responsabilités spirituelles et pratiques, conformément à **1 Timothée 3:1-13**.

- **Rôle des anciens** : Les anciens du Tabernacle aidaient à enseigner, à conseiller les membres, et à maintenir la saine doctrine. Branham, conscient de ses limites, s'appuyait sur eux pour gérer les conflits ou les questions doctrinales, reflétant **Actes 15.6** où les anciens délibèrent ensemble ;
- **Rôle des diacres** : Les diacres géraient les aspects pratiques, comme l'entretien du bâtiment, l'aide aux pauvres, ou l'organisation des cultes, libérant Branham pour se consacrer à la prédication et à la prière, comme dans **Actes 6.2-4** et ;
- **Reddition de comptes** : Branham encourageait la transparence, notamment dans les finances, et acceptait les conseils de ses collaborateurs. Cette reddition de comptes, alignée sur **Galates 6.1**, protégeait le Tabernacle des dérives autoritaires.

Lorsqu'un désaccord surgissait sur l'utilisation des fonds, Branham réunissait les anciens et les diacres pour discuter et prier. La décision finale, prise collectivement, renforçait la confiance des membres et maintenait l'unité. Cette approche collaborative contrastait avec les décisions unilatérales dénoncées dans le chapitre 2.

4. La Prédication : Un retour à la Parole et à la simplicité apostolique

La prédication était au cœur du ministère de Branham et du fonctionnement du Branham Tabernacle. Il enseignait que l'Église devait revenir à la simplicité et à la puissance de la foi apostolique, en s'appuyant uniquement sur les Écritures. Ses sermons, souvent longs et détaillés, couvraient des thèmes comme la repentance, la sainteté, et la souveraineté de Christ, toujours ancrés dans la Bible.

- **Fidélité aux Écritures** : Branham exhortait les croyants à vérifier ses enseignements, comme les Béréens dans **Actes 17.11**. Il évitait les spéculations ou les révélations personnelles non confirmées par la Parole, un antidote à la confusion doctrinale (Chapitre 3) ;
- **Christocentricité** : Ses messages mettaient l'accent sur Jésus comme Sauveur, Guérisseur, et Roi à venir, évitant l'homme-centrisme (Chapitre 5). Il disait souvent : « *Ne regardez pas à moi, regardez à Christ.* » et ;
- **Appel à la repentance** : Branham prêchait avec un zèle prophétique, appelant à la repentance et à la sainteté, comme Jean-Baptiste dans **Matthieu 3.2**. Cet accent maintenait la ferveur spirituelle du Tabernacle.

Un exemple pourrait être un sermon de Branham sur **Hébreux 13.8** : « *Jésus-Christ est le même hier, aujourd'hui, et éternellement.* » Il expliquait comment Christ agit encore par son Esprit, illustrant son propos avec des exemples bibliques et des témoignages de guérisons. Les membres, inspirés, s'engageaient à prier et à vivre pour Christ, renforçant la vitalité de l'Église.

5. Leçons pour aujourd'hui : Appliquer les principes du Branham Tabernacle

Le Branham Tabernacle, offre des leçons précieuses pour les Églises locales d'aujourd'hui.

Voici cinq principes tirés de son fonctionnement, avec des applications pratiques :

- **Centrer l'Église sur la Parole** : Comme Branham, les pasteurs doivent prêcher les Écritures avec fidélité, encourageant les membres à les étudier (**2 Timothée 3.16**). Application : organiser des études bibliques régulières pour équiper la communauté ;
- **Favoriser une adoration participative** : Les cultes doivent permettre aux membres d'exercer leurs dons, évitant l'esprit de contrôle (**1 Corinthiens 14.26**) en invitant les membres à partager des témoignages ou à diriger des prières ;
- **Adopter une gouvernance collaborative** : Suivre l'exemple du Tabernacle en travaillant avec des anciens et des diacres, comme dans **1 Timothée 3.1-13**. Application : former un conseil d'anciens pour partager les décisions ;
- **Maintenir la transparence** : Être ouvert sur les finances et les décisions, comme Branham, pour renforcer la confiance (**Galates 6.1**). Application : publier un rapport annuel et répondre aux questions des membres et ;

- **Dépendre du Saint-Esprit** : Encourager l'action libre de l'Esprit, comme dans les cultes du Tabernacle (**Actes 2.17-18**). Application : consacrer des temps de prière pour chercher la direction divine.

C'est le cas d'une Église moderne qui, inspirée par ces principes, adopte une gouvernance partagée, centre ses cultes sur la Parole, et encourage la participation. Le pasteur prêche Christ, les anciens forment les disciples, et les diacres servent les nécessiteux. Résultat : l'Église prospère, reflétant la lumière de Christ dans sa communauté.

6. Conclusion

Le Branham Tabernacle, sous la direction de William Branham, illustre comment une Église locale peut fonctionner avec équilibre, en plaçant la Parole de Dieu au centre, en favorisant une adoration fervente, et en adoptant une gouvernance collaborative. En évitant l'homme-centrisme et en dépendant du Saint-Esprit, le Tabernacle offrait un modèle de ministère fidèle aux principes bibliques. Les Églises d'aujourd'hui peuvent s'en inspirer pour bâtir des communautés équilibrées, où Christ est exalté comme Propriétaire.

Le chapitre suivant explorera le rôle du pasteur selon le cœur de Dieu, en s'appuyant sur **Jean 10** et **1 Pierre 5.1-4**, pour montrer comment un berger véritable guide, intercède, et sert, évitant les dérives qui ont marqué les chapitres précédents.

CHAPITRE 9 : LE RÔLE DU BERGER SELON LE CŒUR DE DIEU

Dans les chapitres précédents, nous avons dénoncé les dérives où le pasteur s'approprie l'Église locale, entraînant des conséquences spirituelles graves comme la perte de l'onction ou le glissement vers une dynamique sectaire (Chapitres 2–5). Nous avons également exploré les signes d'une Église dépourvue de la Présence divine (Chapitre 6), proposé le modèle biblique de gouvernance équilibrée avec anciens, diacres, et pasteur (Chapitre 7), et examiné l'exemple inspirant du Branham Tabernacle (Chapitre 8). Ces réflexions convergent vers une question essentielle : quel est le véritable rôle du pasteur dans l'Église locale ? Trop souvent, les pasteurs, sous la pression ou par méprise, adoptent une posture de domination, oubliant que leur appel est de refléter le cœur de Jésus, le « bon Berger ».

Ce chapitre explore le rôle du berger selon le cœur de Dieu, tel qu'il est décrit dans **Jean 10** et **1 Pierre 5.1-4**. Loin d'être un dominateur, le pasteur est appelé à être un guide, un intercesseur, un exemple, et un sacrifice, servant l'Église avec humilité et amour. À travers une étude biblique, des exemples pratiques, et des applications concrètes, nous montrerons comment ce modèle de leadership pastoral protège l'Église des dérives humaines et l'aligne avec la volonté de son Propriétaire, Jésus-Christ. Notre objectif est d'inspirer les pasteurs à embrasser leur vocation divine et les croyants à soutenir leurs bergers dans cette mission sacrée.

1. Le Berger comme Guide : conduire sans dominer

Dans **Jean 10.11**, Jésus se présente comme le « bon Berger » qui « donne sa vie pour ses brebis ». Contrairement au mercenaire, qui fuit face au danger, ou au voleur, qui cherche son propre intérêt (**Jean 10.12-13**), le bon Berger guide ses brebis avec soin, les conduisant vers des « *pâturages verdoyants* » (**Psaume 23.2**). Pour le pasteur, être un guide signifie diriger l'Église vers Christ, la source de vérité et de vie, sans imposer sa propre autorité ou vision.

Le rôle de guide exige une profonde dépendance à la Parole de Dieu et au Saint-Esprit. Dans **Jean 10.3-4**, Jésus explique que les brebis « *entendent sa voix* » et qu'il « marche devant elles ». Le pasteur doit donc connaître les Écritures pour enseigner la saine doctrine (**2 Timothée 4.2**) et prier pour discerner la direction de Dieu, évitant les décisions unilatérales dénoncées dans le chapitre 2. Ce leadership est collaboratif, travaillant avec les anciens et les diacres, comme vu dans le chapitre 7, pour refléter l'autorité partagée.

Dans une Église locale, un pasteur remarque que les membres manquent de maturité spirituelle. Au lieu d'imposer un programme personnel, il consulte les anciens, organise une série d'études bibliques, et prêche sur la croissance en Christ. Les membres, guidés par sa voix et celle des Écritures, s'épanouissent spirituellement. Ce pasteur agit comme un guide, non comme un dominateur, montrant le chemin vers Christ.

Cependant, guider sans dominer est un défi. La pression culturelle ou l'insécurité peuvent pousser un pasteur à contrôler, comme vu dans le chapitre 4. **1 Pierre 5.3** avertit : « *Non comme dominant sur l'héritage de Dieu, mais en étant les modèles du troupeau.* » Le pasteur doit se souvenir qu'il est un intendant, non le Propriétaire (Chapitre 1), et que son rôle est de conduire l'Église à suivre Christ, non lui-même.

60-0804 - PAREIL A L'AIGLE QUI ÉVEILLE SA COUVÉE

36 À l'arrivée de cet aiglon, oh ! il est un... Il aime sa demeure. Eh bien, la mère aigle sort et attrape des poissons, elle attrape des lapins, elle attrape des brebis ou tout ce qu'elle peut attraper, et elle prépare un bon repas pour cet aiglon. Elle se rassure que ce petit reçoit la chose convenable.

Je suis si content que Jéhovah veille à ce que Ses aiglons reçoivent le bon genre de nourriture. Il placera cela devant vous, que vous vouliez le manger ou pas. Vous aurez à détourner la tête. Mais si vous êtes né aigle : « Mes brebis, Mes aigles, connaissent Ma Voix. » Ils reconnaissent la nourriture.

Il a demandé : « Pierre, M'aimes-tu ? » Il a dit : « Pais Mes brebis. »

J'aime ça : « Pais Mes brebis. » « Pais Mes brebis. Ne les conduis pas ; pais-les. Pais-les de la Parole ; elles aiment la Nourriture des brebis. » Vous savez, il y en a qui n'aiment pas cette nourriture des brebis. La nourriture des brebis, c'est ce bon sentiment à l'ancienne mode, provenant du salut à l'ancienne mode ; on est tout aussi libre qu'on peut se sentir, pas de condamnation.

Eh bien, autrefois, nous nous levions, nous tapions les mains, et nous chantions : « Je me suis très bien senti, il n'y a pas de condamnation dans mon cœur. » On passait un bon moment. Et, évidemment, cela amènera les petits poussins à lever les yeux et à dire : « Tsk, tsk, tsk, c'est du fanatisme. »

37 Il n'y a pas longtemps, il y eut un fermier, un fermier ambitieux. Il n'avait pas une très grande grange. Mais il avait simplement fait de bonnes récoltes, et il avait fait tout ce qu'il pouvait pour prendre soin de sa réserve. Un autre fermier avait de bons tracteurs, mais il était trop paresseux pour–pour cultiver.

Eh bien, en automne, il–il coupa de mauvaises herbes et les mis dans la grange. Il avait une belle grange (Oh ! la la !), une bonne grange. Mais l'autre fermier, il ne consacrait pas son temps à la grange, il veillait plutôt à ce que les... ses animaux soient bien nourris.

Il naquit alors un veau dans chaque grange et–et l'année qui suivait, au printemps, vous savez, le–le... probablement que le veau qui était né dans une bonne grange, avec de très hautes flèches, vous savez, des sièges en peluche... Vous savez de quoi je parle, vous pouvez donc lire entre les lignes. Mais il n'avait pas beaucoup de nourriture.

38 Ainsi donc, on les a fait sortir, eux tous, pour prendre un peu d'air du printemps. Oh ! la la ! Ce petit veau qui était là dans une petite mission, quelque part, une petite église, vous savez, il–il était tout gras, tout rond, plein de vitamines. Oh ! la la ! Il est sorti là, et le vent s'est mis à souffler sur lui. Il était très dynamique. Il s'est mis à gambader çà et là, çà et là, çà et là. Eh bien, il se sentait bien.

On a sorti l'autre petit veau, il avait été nourri de mauvaises herbes ecclésiastiques, vous savez. Une fois dehors, ce pauvre petit veau a failli se faire renverser par le coup de vent, il a titubé comme ça. Il a collé son petit visage à la fissure de la clôture, il a regardé au travers, il a vu ce petit veau tout heureux, gambadant, gambadant tout autour, il a dit : « Tsk, tsk, tsk, quel fanatisme ! »

39 Oh ! J'aime avoir la nourriture des brebis, une bonne nourriture, la puissance de Dieu, la Parole de Dieu. Le Saint-Esprit s'En nourrit. C'est ce dont l'église a besoin ce soir, d'une bonne prédication de l'Évangile solide, un enseignement de l'Évangile, le salut de l'Évangile, le Saint-Esprit de l'Évangile. Amen ! Nous ne sommes pas tellement intéressés dans ce que... Cette nation peut ne pas avoir besoin d'un nouveau président ; la ville peut ne pas avoir besoin d'un nouveau maire ; mais ce dont nous avons besoin aujourd'hui, c'est d'un bon réveil d'autrefois, à la saint Paul, et du Saint-Esprit biblique, une fois de plus dans l'église. C'est ce qu'il nous faut, des brebis nourries de la nourriture des brebis, pas de mauvaises herbes ecclésiastiques.

40 Eh bien, ce petit nid était bien arrangé, et elle lui apportait de la–la nourriture, il mangeait et, oh ! la la ! il grandissait. Eh bien, la chose suivante, vous savez, il commence à porter des plumes. Vous savez, il commence à vivre la seconde oeuvre de la grâce. Et il–il commence à être très bien emplumé, vous savez. Alors, la mère aigle se met à regarder en bas et se dit : « Vous savez, je n'aimerais jamais que mes enfants deviennent des poulets. » Un point trait.

Vous savez, Dieu est aussi déterminé pour cela. Il ne veut pas que nous soyons des poulets terrestres. Alors, la mère aigle dit : « Je dois veiller à ça. » Alors, la chose suivante, vous savez, elle doit faire sortir ces aigles de ce nid-là. C'est tout. S'ils y restent, ils seront terrestres.

Et c'est ce qui se passe. Vous... Je me suis souvent demandé pourquoi nous allions loin chercher à être très instruits sur le plan scolaire pour devenir un prédicateur, et alors, nous venons avec toute l'histoire de l'église, et tout ça, toutes les vitamines et tout, et puis, on fait volte-face et on dit : « Eh bien, évidemment, les jours des miracles sont passés. »

2. Le Berger comme Intercesseur : Prier pour le Troupeau

Un aspect essentiel du rôle du berger est celui d'intercesseur, c'est-à-dire prier pour l'Église avec ferveur et persévérance. Dans **Jean 10.27**, Jésus dit : « *Mes brebis entendent ma voix, et je les connais.* » Cette connaissance intime des brebis reflète l'amour du Berger, qui porte leurs besoins devant Dieu. De même, le pasteur est appelé à intercéder pour les membres – pour leur croissance, leur protection, et leur unité – comme Jésus prie pour ses disciples dans **Jean 17.15-17**, demandant qu'ils soient gardés du mal et sanctifiés par la vérité.

L'intercession est un antidote à l'esprit de contrôle (Chapitre 4). Un pasteur qui prie pour son troupeau dépend du Saint-Esprit, reconnaissant qu'il ne peut pas tout accomplir par sa propre force. **1 Samuel 12.23** illustre cette responsabilité, lorsque Samuel déclare : « *Loin de moi de pécher contre l'Éternel, en cessant de prier pour vous !* » Le pasteur intercesseur est un canal de la grâce de Dieu, fortifiant l'Église contre les attaques spirituelles et les divisions.

Un pasteur qui, chaque matin, consacre une heure à prier pour les besoins spécifiques des membres – guérison pour un malade, sagesse pour un ancien, ou force pour une famille en crise. Lors d'un culte, il partage une exhortation inspirée de ses prières, et plusieurs membres témoignent d'un renouveau spirituel. Cette intercession renforce l'unité et la vitalité de l'Église, contrastant avec l'oppression décrite dans le chapitre 3.

Pour être un intercesseur efficace, le pasteur doit connaître ses brebis, comme Jésus dans **Jean 10.14**. Cela implique d'écouter les membres, de visiter les familles, et de comprendre leurs luttes. Cette proximité, combinée à la prière, fait du pasteur un berger selon le cœur de Dieu.

56-0403 - LE BERGER DE LA BERGERIE

35 Eh bien, il y a quelque chose qui amenait Dieu à comparer toujours les hommes aux brebis, avez-vous déjà remarqué cela ? « Vous êtes les brebis du pâturage, les brebis d'une seule bergerie. J'ai d'autres brebis, » et tout, comparant les hommes aux brebis. Savez-vous pourquoi Il nous a comparés aux brebis ? Avez-vous jamais–avez-vous jamais malmené une brebis ? Elles vous enseignent certainement, et il y a une instruction divine à–à recevoir des brebis. Je les ai élevées et je les ai guidées partout, ainsi que les agneaux.

Mais lorsqu'une brebis est perdue, elle est absolument incapable de s'en sortir. J'ai pris des brebis, ne me tenant peut-être pas à trois cents yards [274,32 cm–N.D.T.] de la bergerie, et... là où toutes les autres brebis se trouvaient. Et cette brebis, aussitôt qu'elle est perdue, elle ne peut pas s'en sortir seule ; elle se tient juste là et bêle et bêle jusqu'à ce que le loup l'attrape ou que quelque chose lui arrive. Elle–elle ne peut simplement pas retrouver son chemin de retour. Elle est totalement incapable de s'en sortir sans le berger.

36 Et c'est ainsi qu'est la race humaine, nous sommes totalement et absolument incapables de nous en sortir sans le Berger de la Bergerie. Nous sommes incapables de retrouver notre chemin de retour. Nous avons essayé de retrouver notre chemin de retour par l'instruction ; nous avons essayé de retrouver notre chemin de retour par la réforme ; mais nous n'y arriverons jamais. L'instruction n'y arrivera jamais. La réforme n'y arrivera jamais. Nous ne sommes pas de réformateurs. Les réformateurs, c'est la police ici. Nous sommes des prédicateurs de l'Évangile, pas pour essayer d'infliger aux gens des peines et que vous puissiez ramper sur vos genoux et tout, mais pour prêcher l'Évangile de Jésus-Christ : la délivrance aux gens. C'est ce que les bergers sont censés faire, nourrir les brebis. Vous savez qu'Il a dit à Pierre : « M'aimes-tu, Pierre, plus que ne m'aiment ceux-ci ? » « Oui. »

« Pais Mes brebis. » Eh bien, Il n'a jamais dit : « Conduis Mes brebis. » Il n'a jamais dit : « Donne des coups de pied à Mes brebis. » Il a dit : « Pais Mes brebis. » C'est ce dont les brebis ont besoin, c'est de la nourriture des brebis, ne pensez-vous pas ? Et savez-vous la meilleure nourriture des brebis que je connaisse pour vous les brebis malades et pour toute espèce de brebis ? La voici. C'est vrai. Dans cette énorme corbeille à pain de Dieu. « L'homme ne vivra pas de pain seulement, mais de toute Parole qui sort de la bouche de Dieu. » C'est de cela que vit le Saint-Esprit qui est en vous, Il vit de la Parole de Dieu. Cette relation entre le Berger et les brebis...

37 Je... Une fois, j'étais là en Orient, j'ai appris une grande leçon au sujet de... J'ai vu dans Saint Jean, je crois au chapitre 10, là où Il dit : « Je suis le–le Portail de la bergerie », ou plutôt « la Porte de la bergerie. » Je me suis souvent demandé comment Il pouvait être une Porte, étant un homme ? Mais quand j'étais là-bas, j'ai appris ce que cela voulait dire. Les bergers conduisent leurs brebis dans la bergerie, et ils ont une–une voûte où ils entrent, et lorsqu'il les conduit toutes à l'intérieur, alors après qu'elles sont toutes entrées, alors il les compte, et ch-... S'il en manque une, il ira la chercher. Il doit la faire entrer là. Chaque brebis doit être comptée à chaque heure de la journée.

Oh ! quel Berger Il est ! Il avait... rend compte pour chaque brebis à chaque heure de la journée. Peu importe où vous êtes, Il sait où vous êtes. Il connaît tout à votre sujet. C'est la raison pour laquelle Il peut se tenir ici à l'estrade au milieu des gens soumis, pour révéler, faire connaître et parler ; Il le sait. Il sait où vous en étiez il y a une année. Il sait où vous vous trouviez à–à tout moment. Il doit rendre compte de Ses brebis, toujours... et surtout elles sont toutes recomptées après avoir été rassemblées dans la bergerie. Je me disais : « Quelle belle image ! Les rassembler dans la bergerie, puis les compter. »

3. Le Berger comme exemple : vivre ce qu'il prêche

Le pasteur est également appelé à être un exemple pour l'Église, incarnant les valeurs qu'il enseigne. 1 Pierre 5:3 exhorte les anciens à être « *les modèles du troupeau* », et cette responsabilité s'applique particulièrement au pasteur. En vivant une vie d'intégrité, d'humilité, et de sainteté, le pasteur inspire les membres à suivre Christ, évitant l'hypocrisie qui alimente la confusion doctrinale (Chapitre 3).

Les qualifications du pasteur, énoncées dans **1 Timothée 3.2-7**, soulignent cette nécessité : il doit être « ***irréprochable*** », « ***sobre*** », « ***hospitalier*** », et « ***maître de lui-même*** ». Ces qualités ne sont pas des idéaux inaccessibles, mais des standards pratiques qui reflètent une vie alignée avec l'Évangile. Par exemple, un pasteur qui pratique l'hospitalité en ouvrant sa maison aux membres montre l'amour de Christ (**Romains 12.13**). De même, un pasteur qui gère ses finances avec intégrité évite les scandales qui ternissent le témoignage de l'Église.

L'exemple concret est celui d'un pasteur qui, face à un conflit dans l'Église, répond avec douceur et patience, reflétant **Galates 5.22-23** (les fruits de l'Esprit[9]). Les membres, voyant son exemple, apprennent à résoudre leurs propres différends avec grâce. Cet exemple contraste avec l'autoritarisme dénoncé dans le chapitre 2, où le pasteur impose sa volonté au lieu de montrer le chemin.

Être un exemple exige une discipline spirituelle – prière, étude de la Parole, et auto-examen (**2 Corinthiens 13.5**)[10]. Le pasteur doit se rappeler que son influence repose non seulement sur ses paroles, mais sur sa vie. Comme Paul le dit dans **1 Corinthiens 11.1** : « *Soyez mes imitateurs, comme je le suis de Christ.* »

Le Message du temps de la fin prêché par le Prophète William Marrion Branham nous en dit long sur la vie d'un Prédicateur en général qui doit être conforme à sa prédication :

---

[9] Galates 5.22-23 : « *Mais le fruit de l'Esprit, c'est l'amour, la joie, la paix, la patience, la bonté, la bénignité, la fidélité, la douceur, la tempérance ; la loi n'est pas contre ces choses.* »

[10] 2 Corinthiens 13.5 : « *Examinez-vous vous mêmes, pour savoir si vous êtes dans la foi; éprouvez-vous vous-mêmes. Ne reconnaissez-vous pas que Jésus Christ est en vous? à moins peut-être que vous ne soyez réprouvés.* »

61-0108 — APOCALYPSE, CHAPITRE QUATRE, 3^E PARTIE

118 Eh bien, tout le monde ne peut pas être un prédicateur, mais vous avez une voix. Et si vous ne pouvez pas prêcher un sermon aux gens... Si vous êtes un prédicateur, vous êtes appelé à prêcher à la chaire. Si vous ne l'êtes pas, vous êtes quand même un prédicateur, mais vivez un sermon devant les gens. Que vous viviez votre sermon, alors ce sera la Voix de Dieu qui jettera l'opprobre sur ceux qui La rejettent. Ils diront : "Nul ne peut accuser cet homme ou cette femme de quoi que ce soit. Ce sont des personnes douces, qui vivent... Ils... Si jamais il existe un homme de Dieu, c'est bien cet homme ou cette femme." Voyez, vivez vos sermons. N'essayez pas de les prêcher si vous n'êtes pas appelé à être un prédicateur; vous allez vous embrouiller et tout mélanger de toute façon, et vous rendrez les gens confus, et vous ne saurez plus... Eh bien, vous les—vous les détruirez et vous vous détruirez aussi. Vivez simplement votre sermon!

119 Le prédicateur est appelé à prêcher le sien, et à le vivre également. Si vous ne pouvez pas le vivre, alors cessez de le prêcher. Mais vous êtes censé vivre vos sermons.

51-0413 — LES ŒUVRES QUE JE FAIS RENDENT TÉMOIGNAGE DE MOI

16 Maintenant, je veux parler juste un instant, ou juste attirer votre attention sur ces quelques paroles que le Seigneur a dites : « Les œuvres que Je fais rendent témoignage de Moi. » Les choses que Je fais, ce que je dis, c'est ce qui rend témoignage de moi. Et c'est ce qui rend témoignage de chaque personne.

Vous savez, je préférerais que vous me viviez une prédication plutôt que de m'en prêcher une. Cela sera une–une meilleure évidence de ce que vous êtes chrétien. N'est-ce pas vrai ? Vivre un sermon. Et ce que nous sommes, c'est–c'est ce que nous vivons, c'est ce que nous faisons. Nos actes montrent ce que nous sommes.

Et si nous disons que nous avons la foi, et qu'ensuite nous ayons peur de nous avancer, de déclarer notre foi et de la faire agir, alors notre foi ne nous fait aucun bien, n'est-ce pas ? La Bible dit que la foi sans les œuvres est morte, de même que le corps sans esprit est mort. Ainsi est la foi sans les œuvres.

4. Le Berger comme Sacrifice : Donner sa vie pour les Brebis

Le rôle du berger atteint son apogée dans l'idée de sacrifice. Dans **Jean 10.11**, Jésus déclare : *« Le bon Berger donne sa vie pour ses brebis.* » Ce sacrifice ultime, accompli à la croix, est le modèle suprême pour le pasteur, qui est appelé à se donner lui-même pour le bien de l'Église. Ce don de soi ne signifie pas nécessairement un martyre physique, mais une vie de renoncement, de service, et d'amour désintéressé.

1 Pierre 5.2 exhorte les pasteurs à paître le troupeau « *non par un vil intérêt, mais avec dévouement* ». Ce dévouement implique de sacrifier son temps, son confort, et parfois ses ambitions personnelles pour le bien des brebis. Par exemple, un pasteur peut renoncer à une opportunité lucrative pour rester avec une petite Église en difficulté, ou passer des nuits à prier pour un membre en crise. Ce sacrifice reflète l'amour de Christ, qui « *s'est livré lui-même pour nous* » (**Éphésiens 5.2**).

Un pasteur qui, après une longue journée, rend visite à une famille en deuil, priant avec eux jusqu'à tard dans la nuit. Bien qu'épuisé, il trouve la force dans son appel, et la famille, touchée par son amour, se rapproche de Dieu. Ce sacrifice contraste avec le mercenaire de **Jean 10.12**, qui abandonne les brebis face aux défis, ou avec l'autosuffisance dénoncée dans le chapitre 6.

Le sacrifice pastoral est particulièrement crucial dans les moments de crise. Lorsque l'Église traverse des divisions ou des épreuves, le pasteur doit être prêt à absorber les critiques, à chercher la réconciliation, et à porter le fardeau spirituel du troupeau. Cet amour sacrificiel est la marque d'un berger selon le cœur de Dieu.

5. Vivre le rôle du Berger : Applications pratiques

Comment un pasteur peut-il incarner ce rôle de guide, intercesseur, exemple, et sacrifice dans l'Église locale ?

Voici cinq étapes pratiques, ancrées dans les Écritures :

- **Guider avec humilité** : Étudier la Parole et prier pour discerner la volonté de Dieu, en collaborant avec les anciens (**Jean 10.4**). Application : organiser des réunions régulières avec les anciens pour prendre des décisions collectives ;
- **Intercéder fidèlement** : Consacrer du temps quotidien à prier pour les besoins spécifiques des membres (**1 Samuel 12.23**). Application : tenir un carnet de prière avec les requêtes des brebis ;
- **Vivre comme un exemple** : Cultiver une vie d'intégrité et de discipline spirituelle, visible pour l'Église (**1 Timothée 3.2-7**). Application : inviter les membres à des moments de communion, comme des repas, pour montrer l'hospitalité ;
- **Servir avec sacrifice** : Donner de son temps et de son énergie pour les brebis, même au prix du confort personnel (**Jean 10.11**). Application : visiter les malades ou les isolés, même en dehors des heures de travail et ;
- **S'appuyer sur le Saint-Esprit** : Reconnaître ses limites et dépendre de l'Esprit pour guider et fortifier (**Actes 1.8**). Application : consacrer des temps de jeûne pour chercher la puissance divine.

Dans une Église locale, un pasteur, conscient des dérives passées, décide de vivre comme un berger selon **Jean 10**. Il prêche avec humilité, prie chaque matin pour ses membres, vit de manière irréprochable, et sacrifie son temps pour aider une famille en crise. Les membres, touchés par son exemple, grandissent dans leur foi, et l'Église devient un phare dans la communauté. Cet exemple montre que le rôle du berger, bien qu'exigeant, porte des fruits éternels.

6. Conclusion

Le berger selon le cœur de Dieu, tel que décrit dans **Jean 10** et **1 Pierre 5.1-4**, n'est pas un dominateur, mais un guide, un intercesseur, un exemple, et un sacrifice. En incarnant ces qualités, le pasteur protège l'Église des dérives humaines – autoritarisme, contrôle, ou homme-centrisme – et la conduit à refléter la gloire de Christ, son Propriétaire. Pasteurs et croyants sont appelés à soutenir ce modèle de leadership, pour que l'Église locale devienne un lieu de vie, de liberté, et de puissance spirituelle.

Après avoir exploré les dérives, leurs conséquences, et les solutions bibliques, il est temps de lancer un appel à la réforme. Le chapitre suivant invitera l'Église à revenir au modèle biblique, en restituant l'Église à Christ et en poursuivant un redressement spirituel durable.

CHAPITRE 10 : L'APPEL À UN RETOUR AU MODÈLE BIBLIQUE DE L'ÉGLISE

Dans les chapitres précédents, nous avons exposé les dérives graves qui menacent l'Église locale : l'appropriation par le pasteur (Chapitre 2), ses conséquences spirituelles comme la perte de l'onction ou le retrait du Saint-Esprit (Chapitre 3), l'esprit de contrôle (Chapitre 4), le glissement vers une dynamique sectaire (Chapitre 5), et la perte de la Présence divine (Chapitre 6). Face à ces défis, nous avons proposé des solutions bibliques : un modèle de gouvernance équilibrée avec anciens, diacres, et pasteur (Chapitre 7), l'exemple inspirant du Branham Tabernacle (Chapitre 8), et la vision d'un pasteur comme berger selon le cœur de Dieu (Chapitre 9). Ces vérités convergent vers une conclusion incontournable : pour que l'Église locale accomplisse sa vocation divine, elle doit revenir au modèle biblique, où Christ est reconnu comme le seul Propriétaire et où son plan pour la gouvernance, le leadership, et la vie communautaire est pleinement embrassé.

Ce chapitre lance un appel vibrant à un retour au modèle biblique de l'Église. À travers une réflexion sur les Écritures, des exemples concrets, et des applications pratiques, nous exhorterons pasteurs, responsables, et croyants à rejeter les dérives humaines – autoritarisme, homme-centrisme, ou autosuffisance – et à restaurer une Église centrée sur Christ, animée par le Saint-Esprit, et gouvernée selon la Parole. Cet appel n'est pas un simple retour au passé, mais une invitation à vivre la vision de Dieu pour son Église aujourd'hui, afin qu'elle devienne un phare de vérité, d'amour, et de puissance dans un monde en quête de réponses. Notre objectif est de réveiller un zèle pour la réforme, en préparant le terrain pour les étapes concrètes de redressement spirituel abordées dans les chapitres suivants.

1. Pourquoi un retour au modèle biblique est urgent

L'urgence d'un retour au modèle biblique découle des dérives exposées dans ce livre. Lorsque le pasteur s'approprie l'Église, il usurpe la place de Christ, entraînant oppression, confusion doctrinale, et stérilité spirituelle (Chapitres 2–3). L'esprit de contrôle et le sectarisme étouffent la liberté du Saint-Esprit (Chapitres 4–5), et l'autosuffisance mène à la perte du chandelier (Chapitre 6). Ces réalités ne sont pas de simples erreurs administratives ; elles sont des offenses à la sainteté de Dieu, qui déclare : « *Je ne donnerai pas ma gloire à un autre* » (**Ésaïe 42.8**).

Les Écritures appellent à un retour constant à la vérité. Dans **Apocalypse 2.5**, Jésus exhorte l'Église d'Éphèse : « Souviens-toi donc d'où tu es tombé, repens-toi, et pratique tes premières œuvres. » Ce commandement s'applique à toute Église qui s'est écartée du plan de Dieu. De même, **Actes 2.42-47** décrit l'Église primitive comme un modèle idéal : les croyants se consacraient à l'enseignement des apôtres, à la communion, à la fraction du pain, et à la prière, voyant Dieu agir puissamment parmi eux. Cette Église, centrée sur Christ et animée par l'Esprit, est l'antithèse des dérives modernes.

L'urgence est également dictée par le contexte contemporain. Dans un monde marqué par la confusion spirituelle, l'individualisme, et la méfiance envers les institutions, l'Église locale doit être un phare d'authenticité et de vérité. Une Église qui reflète le modèle biblique – avec une gouvernance partagée, un leadership humble, et une adoration fervente – attire ceux qui cherchent Dieu, comme le promet **Matthieu 5.16** : « *Que votre lumière luise ainsi devant les* *hommes, afin qu'ils voient vos bonnes œuvres, et qu'ils glorifient votre Père qui est dans les cieux.* »

C'est le cas d'une Église locale qui, après des années d'autoritarisme pastoral, stagne spirituellement. Les membres sont désengagés, et la communauté perd son influence. Un nouveau pasteur, inspiré par **Actes 2**, lance un appel à la réforme, recentrant l'Église sur la Parole et la prière. Cette urgence redonne vie à la communauté, montrant pourquoi le retour au modèle biblique est vital.

2. Les Fondements du modèle biblique de l'Église

Le modèle biblique de l'Église repose sur trois fondements essentiels, tirés des Écritures et des chapitres précédents :

- **La Seigneurie de Christ** : L'Église appartient à Jésus, qui est sa tête (**Colossiens 1.18**) et son Propriétaire (Chapitre 1). Toute gouvernance, tout enseignement, et tout ministère doivent exalter Christ, évitant l'homme-centrisme (Chapitre 5). **Jean 15.5** rappelle : « *Sans moi, vous ne pouvez rien faire.* »
- **La Gouvernance partagée** : Comme vu dans le chapitre 7, l'Église est dirigée par une équipe d'anciens, de diacres, et de pasteurs, travaillant en collaboration sous la direction du Saint-Esprit (**Actes 14.23**, **1 Timothée 3.1-13**). Cette structure protège contre l'autoritarisme et l'esprit de contrôle (Chapitres 2 et 4).
- **La Vie communautaire animée par l'Esprit** : L'Église est un corps vivant, où chaque membre exerce ses dons pour l'édification mutuelle (**1 Corinthiens 12.7**). Les cultes sont participatifs, la prière est fervente, et le Saint-Esprit agit librement, comme dans **Actes 2.17-18**.

Ces fondements contrastent avec les dérives humaines. Une Église centrée sur Christ ne tolère pas le culte de la personnalité. Une gouvernance partagée évite les décisions unilatérales. Une vie communautaire animée par l'Esprit rejette la stérilité religieuse (Chapitre 6). En revenant à ces principes, l'Église retrouve sa vocation de refléter la gloire de Dieu.

C'est le cas d'une Église qui adopte ces fondements après une période de crise. Le pasteur, inspiré par **Colossiens 1:18**[11], prêche la Seigneurie de Christ. Les anciens partagent la direction, et les membres sont encouragés à exercer leurs dons, comme organiser des groupes de prière. Cette Église devient un lieu de renouveau, illustrant la puissance du modèle biblique.

3. Les Obstacles au retour au modèle biblique

Malgré son urgence, le retour au modèle biblique rencontre des obstacles, souvent enracinés dans les dynamiques humaines et culturelles :

- **Résistance au changement** : Les pasteurs ou les membres peuvent craindre de remettre en question des traditions établies, comme un leadership centralisé. **Marc 7.8** avertit contre l'abandon des commandements de Dieu pour des traditions humaines.

---

[11] Colossiens 1.18 : « *Il est la tête du corps de l'Église; il est le commencement, le premier-né d'entre les morts, afin d'être en tout le premier.* »

- **Insécurité des pasteurs** : Un pasteur peut hésiter à partager l'autorité avec les anciens, par peur de perdre son influence, un écho de l'esprit de contrôle (Chapitre 4).
- **Manque de formation** : Sans une compréhension claire des Écritures, les Églises peuvent reproduire des modèles séculiers ou culturels, plutôt que bibliques (**Osée 4.6** : « *Mon peuple périt faute de connaissance* »).
- **Désintéressement spirituelle** : Les membres, habitués à une religion routinière, peuvent résister à un appel à la ferveur et à l'engagement, comme à Laodicée (**Apocalypse 3.16**).

C'est le cas d'une Église où le pasteur propose une gouvernance partagée, mais les membres, attachés à l'idée d'un « *leader fort* », s'opposent. Le pasteur, manquant de soutien, abandonne l'idée. Cet obstacle montre la nécessité d'enseigner et de convaincre la communauté de la valeur du modèle biblique.

4. L'Appel à la réforme : Une vision pour l'Église

Face à ces obstacles, l'appel à un retour au modèle biblique est un cri du cœur pour une réforme spirituelle. Cette réforme ne consiste pas à imiter aveuglément l'Église primitive, mais à appliquer ses principes intemporels dans le contexte moderne.

Voici quatre piliers de cet appel, avec des applications pratiques :

- **Recentrer sur Christ** : L'Église doit exalter Jésus comme Seigneur dans chaque aspect – prédication, adoration, et gouvernance (**Colossiens 1.18**). Application : consacrer une série de sermons à la personne de Christ pour raviver l'amour premier (**Apocalypse 2.4**) ;
- **Restaurer la gouvernance biblique** : Adopter une structure avec anciens et diacres, comme dans **1 Timothée 3.1-13**, pour partager l'autorité et éviter les abus. Application : former des anciens qualifiés et clarifier leurs rôles lors d'une réunion communautaire ;
- **Revitaliser la vie communautaire** : Encourager chaque membre à exercer ses dons et à participer activement, comme dans **1 Corinthiens 12.7**. Application : organiser des groupes de maison où les membres prient, étudient, et servent ensemble et ;
- **Dépendre du Saint-Esprit** : Rechercher la puissance et la direction de l'Esprit, évitant l'autosuffisance (**Zacharie 4.6**). Application : instaurer des temps de jeûne et de prière collective pour inviter un renouveau.

C'est le cas d'une Église locale en déclin, marquée par l'autoritarisme d'un ancien pasteur. Un nouveau pasteur lance un appel à la réforme, prêchant sur Actes 2 et formant une équipe d'anciens. Les membres, initialement sceptiques, participent à des réunions de prière et découvrent leurs dons. En quelques mois, l'Église retrouve sa vitalité, attirant de nouveaux croyants. Cet exemple montre que la réforme, bien que difficile, est possible lorsque l'Église répond à l'appel de Dieu.

5. Le Rôle de chacun dans la réforme

Le retour au modèle biblique est une responsabilité partagée, impliquant pasteurs, responsables, et croyants.

Voici comment chaque groupe peut contribuer :

- **Pasteurs** : Prendre l'initiative de la réforme en étudiant les Écritures, en se repentant de tout contrôle excessif, et en formant des anciens (**1 Pierre 5.2-3**). Pour cela, il faut organiser une retraite pour étudier le modèle biblique avec les leaders.
- **Anciens et diacres** : Soutenir le pasteur en partageant les responsabilités et en veillant sur la saine doctrine (**Tite 1.9**). Ils doivent participer activement aux décisions et encourager la transparence.
- **Croyants** : Prier pour les leaders, exercer leurs dons, et soutenir la réforme par leur engagement (**Hébreux 13.17**). Application : rejoindre un ministère ou un groupe de prière pour contribuer à la vie de l'Église.

Un exemple concret est celui d'une Église où le pasteur, inspiré par ce livre, partage sa vision d'une gouvernance biblique. Les anciens acceptent de prendre des responsabilités, et les membres s'engagent dans des ministères d'évangélisation et d'aide sociale. Cette collaboration transforme l'Église, la rendant plus dynamique et fidèle à Christ.

6. Conclusion

L'appel à un retour au modèle biblique de l'Église est une invitation pressante à rejeter les dérives humaines – autoritarisme, contrôle, ou tiédeur – et à embrasser la vision de Dieu : une Église centrée sur Christ, gouvernée avec humilité, et animée par le Saint-Esprit. Pasteurs, responsables, et croyants sont appelés à répondre par la prière, l'obéissance, et l'engagement, pour que l'Église locale redevienne un lieu de gloire divine. Le chapitre suivant approfondira cette réforme en explorant comment restituer l'Église à Christ, en commençant par la repentance et la reconnaissance de ses erreurs, pour libérer le peuple de Dieu et exalter la Seigneurie de Jésus.

CHAPITRE 11 : RESTITUER L'ÉGLISE À CHRIST

Dans les chapitres précédents, nous avons dénoncé les dérives qui menacent l'Église locale – l'appropriation par le pasteur, l'esprit de contrôle, le sectarisme, et la perte de la Présence divine (Chapitres 2–6) – et proposé des solutions bibliques : une gouvernance équilibrée, l'exemple du Branham Tabernacle, et le rôle du pasteur comme berger selon le cœur de Dieu (Chapitres 7–9). Le chapitre 10 a lancé un appel vibrant à revenir au modèle biblique de l'Église, centré sur Christ, gouverné avec humilité, et animé par le Saint-Esprit. Cet appel à la réforme exige une première étape cruciale : restituer l'Église à Christ, son Propriétaire légitime. Trop souvent, des pasteurs, par orgueil ou ignorance, ont usurpé cette place, opprimant le peuple de Dieu et éclipsant la gloire de Jésus.

Ce chapitre explore comment restituer l'Église à Christ à travers quatre actions essentielles : la repentance, la reconnaissance des erreurs, la libération du peuple, et l'élévation de la Seigneurie de Jésus-Christ. À travers une étude des Écritures, des exemples pratiques, et des applications concrètes, nous exhorterons pasteurs, responsables, et croyants à entreprendre ce processus de restauration spirituelle. Notre objectif est de voir l'Église locale libérée des chaînes humaines, rendue à son véritable Propriétaire, et transformée en un lieu où la gloire de Christ rayonne. Ce chapitre pose les bases du redressement spirituel durable abordé dans le chapitre suivant, pour une réforme qui honore Dieu.

1. La Repentance : Le premier pas vers la restauration

La restitution de l'Église à Christ commence par la repentance, un acte d'humilité où pasteurs et responsables confessent leurs erreurs et se tournent vers Dieu. Dans **Apocalypse 2.5**, Jésus appelle l'Église d'Éphèse à se repentir : « *Souviens-toi donc d'où tu es tombé, repens-toi, et pratique tes premières œuvres.* » Cette repentance n'est pas un simple regret, mais un changement de cœur et d'action, reconnaissant que l'Église a été détournée de son Propriétaire par des pratiques humaines.

Pour les pasteurs, la repentance implique d'examiner leur leadership à la lumière des Écritures. Ont-ils agi comme des dominateurs plutôt que des bergers (**1 Pierre 5.3**) ? Ont-ils imposé leur vision au détriment de la volonté de Dieu (Chapitre 2) ? Cette introspection, guidée par le Saint-Esprit, est essentielle pour briser l'orgueil ou l'insécurité qui alimentent l'appropriation de l'Église. **Psaume 51.10** est une prière modèle : « *O Dieu, crée en moi un cœur pur, renouvelle en moi un esprit bien disposé.* »

Un exemple concret pourrait être un pasteur qui, après avoir lu ce livre, réalise qu'il a contrôlé l'Église par peur de perdre son autorité. Lors d'un culte, il confesse publiquement son autoritarisme, demandant pardon à Dieu et à la communauté. Cette repentance ouvre la voie à la guérison, car elle montre l'humilité et restaure la confiance. Cet acte contraste avec l'autosuffisance dénoncée dans le chapitre 6, où l'Église de Laodicée ignorait son besoin de repentance.

La repentance doit être collective, impliquant les anciens, les diacres, et les membres. Une Église qui se repent ensemble – pour sa tiédeur, ses divisions, ou son compromis – invite la grâce de Dieu, comme dans **2 Chroniques 7.14** : « *Si mon peuple [...] s'humilie, prie, et se* *détourne de ses mauvaises voies, je l'exaucerai des cieux, je pardonnerai son péché, et je guérirai son pays.* »

2. Reconnaître les erreurs : Une honnêteté libératrice

La repentance est indissociable de la reconnaissance des erreurs, où l'Église identifie spécifiquement les façons dont elle s'est écartée du modèle biblique. Cette honnêteté est douloureuse mais nécessaire, car elle expose les racines des dérives pour les déraciner. **Jacques 5.16** encourage : « *Confessez donc vos péchés les uns aux autres, et priez les uns pour les autres, afin que vous soyez guéris.* »

Les erreurs à reconnaître peuvent inclure :

- **L'usurpation de l'autorité de Christ** : Lorsque le pasteur ou les leaders ont agi comme propriétaires, imposant des décisions unilatérales ou un culte de la personnalité (Chapitre 2) ;
- **L'oppression des croyants** : Lorsque l'esprit de contrôle ou l'autoritarisme a étouffé la liberté spirituelle des membres (Chapitres 3–4) ;
- **Le compromis doctrinal** : Lorsque l'Église a toléré des enseignements ou des pratiques non bibliques, souvent pour plaire au pasteur ou au monde (Chapitre 5) et ;
- **La négligence spirituelle** : Lorsque l'Église a abandonné la prière fervente, l'adoration, ou la dépendance au Saint-Esprit, menant à la perte du chandelier (Chapitre 6).

Un exemple pratique pourrait être une Église où les anciens, lors d'une réunion, reconnaissent que leur silence face à l'autoritarisme du pasteur a contribué à l'oppression des membres. Ils rédigent une déclaration confessant ces erreurs, la partagent avec la communauté, et s'engagent à restaurer une gouvernance biblique. Cette transparence libère l'Église de la culpabilité et ouvre la voie à la réforme, contrastant avec le manque de transparence dénoncé dans le chapitre 4.

Reconnaître les erreurs exige courage et humilité, surtout pour les pasteurs qui craignent de perdre leur crédibilité. Pourtant, cette honnêteté est un acte de foi, car elle place l'Église sous la grâce de Dieu, qui « *donne la grâce aux humbles* » (**Jacques 4.6**).

3. Libérer le peuple : Restaurer la liberté spirituelle

Restituer l'Église à Christ implique de libérer le peuple des fardeaux imposés par les dérives humaines. Comme vu dans le chapitre 3, l'autoritarisme et le contrôle ont opprimé les croyants, les privant de la liberté promise par Christ : « *Si donc le Fils vous affranchit, vous serez réellement libres* » (**Jean 8.36**). Cette libération est essentielle pour que l'Église redevienne un lieu où les membres grandissent, exercent leurs dons, et adorent en esprit et en vérité.

La libération passe par plusieurs actions concrètes :

- **Supprimer les contrôles oppressifs** : Les pasteurs doivent abandonner les pratiques qui restreignent les membres, comme l'approbation excessive des ministères ou la surveillance des relations (Chapitre 4). **Galates 5.1** exhorte : « *C'est pour la liberté que Christ nous a affranchis.* » ;

- **Encourager les dons spirituels** : Chaque membre doit être libre d'exercer ses dons, comme dans **1 Corinthiens 12.7**, pour l'édification de l'Église. Cela implique de déléguer des responsabilités et de valoriser les initiatives et ;
- **Restaurer la confiance** : Les leaders doivent montrer l'exemple par l'humilité et la transparence, réparant les blessures causées par l'oppression (Chapitre 3). Une communication ouverte, comme des réunions communautaires, peut rebâtir cette confiance.

C'est le cas d'une Église où le pasteur, après s'être repenti, supprime les règles strictes qui limitaient les ministères. Il invite les membres à proposer des idées, et une sœur lance un groupe de prière qui revitalise la communauté. Cette liberté contraste avec l'oppression décrite dans le chapitre 3, où les membres vivaient sous un joug pesant.

La libération du peuple n'est pas seulement un acte administratif ; c'est un retour à la vision de Christ, qui veut que son Église soit un lieu de joie, de créativité, et de communion avec Lui. Les pasteurs doivent se rappeler que leur rôle est de servir, non de dominer, comme vu dans le chapitre 9.

4. Élever la Seigneurie de Jésus-Christ : recentrer sur le propriétaire

L'objectif ultime de la restitution est d'élever la Suzeraineté de Jésus-Christ, en reconnaissant qu'Il est le seul Propriétaire et la tête de l'Église (**Colossiens 1.18**). Cette élévation redonne à Christ la place centrale dans l'adoration, l'enseignement, et la gouvernance, éliminant l'homme-centrisme dénoncé dans le chapitre 5. **Philippiens 2.9-11** proclame que « *tout genou fléchira* » devant Jésus, et l'Église doit être la première à le faire.

Élever la Suzeraineté de Christ implique :

- **Adoration centrée sur Jésus** : Les cultes doivent exalter Christ, avec des chants, des prières, et des sermons qui glorifient sa personne et son œuvre (**Jean 16.14**). Cela contraste avec le culte de la personnalité (Chapitre 2) ;
- **Prédication de l'Évangile** : Les sermons doivent proclamer Christ crucifié et ressuscité, comme Paul dans **1 Corinthiens 2.2**, évitant les enseignements centrés sur le pasteur ou des révélations personnelles et ;
- **Gouvernance sous son autorité** : Les décisions doivent être prises en cherchant la volonté de Christ à travers la prière et les Écritures, en collaboration avec les anciens (Chapitre 7). **Matthieu 18.20** promet : « *Là où deux ou trois sont assemblés en mon nom, je suis au milieu d'eux.* »

C'est le cas d'une Église qui, après une période de repentance, transforme ses cultes pour se concentrer sur Christ. Le pasteur prêche une série sur la Suzeraineté de Jésus, les chants célèbrent sa gloire, et les anciens prient ensemble pour chaque décision. Les membres, libérés du contrôle, adorent avec ferveur, et l'Église attire de nouveaux croyants par son authenticité.

Élever la Suzeraineté de Christ est le cœur de la restitution, car c'est en Lui que l'Église trouve son identité, sa mission, et sa puissance. Comme le Branham Tabernacle l'illustrait (Chapitre 8), une Église centrée sur Christ devient un lieu où le Saint-Esprit agit librement.

5. Mettre en pratique la restitution : Étapes concrètes

Comment une Église peut-elle restituer l'Église à Christ ? Voici cinq étapes pratiques, ancrées dans les Écritures :

- **Organiser une réunion de repentance** : Réunir pasteurs, anciens, et membres pour confesser les erreurs et prier pour le pardon (**2 Chroniques 7.14**). Pour cela, il faut consacrer un culte spécial à la repentance collective ;
- **Identifier les dérives** : Faire un audit spirituel, en examinant les pratiques à la lumière des Écritures, pour reconnaître les erreurs spécifiques (**Jacques 5.16**). Il sied de former un comité pour évaluer la gouvernance et les enseignements ;
- **Libérer les membres** : Supprimer les règles oppressives et encourager les dons, en déléguant des responsabilités (**1 Corinthiens 12.7**). Il faudrait inviter les membres à lancer des ministères selon leurs talents ;
- **Recentrer sur Christ** : Réorienter les cultes, les sermons, et les décisions vers la Seigneurie de Jésus (**Colossiens 1.18**). Cela implique de prêcher une série sur Christ et former les responsables à chercher sa volonté et ;
- **Prier pour un renouveau** : Consacrer du temps à la prière et au jeûne pour inviter la Présence de Dieu (**Actes 1.8**). Cela suppose d'organiser une semaine de prière communautaire pour un réveil spirituel.

Dans une Église marquée par l'autoritarisme, le pasteur se repent publiquement, reconnaît les erreurs passées, et invite les membres à proposer des ministères. Les cultes se recentrent sur Christ, et une série de prières collectives ravive la communauté. En quelques mois, l'Église devient un lieu de liberté et de puissance, attirant ceux qui cherchent Dieu. Cet exemple montre que la restitution, bien que difficile, est une porte vers la restauration.

6. Conclusion

Restituer l'Église à Christ est un acte de foi, d'humilité, et d'amour, qui commence par la repentance, passe par la reconnaissance des erreurs, libère le peuple de Dieu, et élève la Seigneurie de Jésus. Pasteurs, responsables, et croyants sont appelés à entreprendre ce processus pour ramener l'Église à son Propriétaire légitime. En répondant à cet appel, l'Église locale peut redevenir un lieu où le Saint-Esprit agit, où les brebis prospèrent, et où Christ est glorifié.

Le chapitre suivant proposera des étapes d'un redressement spirituel durable, en explorant comment la prière, l'enseignement, la formation des responsables, et le retour à la Parole peuvent ancrer cette réforme dans la vie de l'Église.

CHAPITRE 12 : LES ÉTAPES D'UN REDRESSEMENT SPIRITUEL DURABLE

Dans les chapitres précédents, nous avons exposé les dérives qui menacent l'Église locale – appropriation par le pasteur, esprit de contrôle, sectarisme, et perte de la Présence divine (Chapitres 2–6) – et proposé des solutions bibliques : une gouvernance équilibrée, l'exemple du Branham Tabernacle, le rôle du pasteur comme berger, et un appel à la réforme (Chapitres 7–10). Le chapitre 11 a exploré comment restituer l'Église à Christ par la repentance, la reconnaissance des erreurs, la libération du peuple, et l'élévation de la Seigneurie de Jésus. Cette restitution marque le début d'une réforme, mais pour qu'elle soit durable, l'Église doit s'engager dans un redressement spirituel ancré dans les principes bibliques. Une réforme éphémère, sans racines profondes, risque de s'effondrer face aux défis ou aux vieilles habitudes.

Ce chapitre présente les étapes concrètes d'un redressement spirituel durable, en mettant l'accent sur la prière, l'enseignement, la formation des responsables, et le retour à la Parole. À travers une étude des Écritures, des exemples pratiques, et des applications claires, nous équiperons pasteurs, responsables, et croyants pour bâtir une Église locale qui non seulement surmonte les dérives humaines, mais prospère comme un phare de la gloire de Christ. Ce chapitre conclut la Partie IV en offrant une feuille de route pour une réforme enracinée, préparant le terrain pour l'appel final à l'action de la conclusion générale. Notre objectif est d'inspirer une vision de renouveau durable, où l'Église honore son Propriétaire, Jésus-Christ, pour les générations à venir.

1. La Prière : Le fondement du redressement spirituel

Le redressement spirituel commence par la prière, car c'est dans la communion avec Dieu que l'Église trouve la direction, la puissance, et la grâce nécessaires pour la réforme. Dans **Actes 1.14**, les disciples, avant la Pentecôte, « *persévéraient d'un commun accord dans la prière* », préparant le terrain pour l'effusion du Saint-Esprit. De même, une Église qui cherche un renouveau durable doit s'enraciner dans la prière fervente, individuelle et collective.

La prière est essentielle pour plusieurs raisons :

- **Alignement avec la volonté de Dieu** : La prière permet de discerner le plan de Dieu pour l'Église, évitant les visions humaines qui mènent aux dérives (Chapitre 2). **Matthieu 18.19** promet : « *Si deux d'entre vous s'accordent sur la terre pour demander une chose quelconque, elle leur sera accordée par mon Père.* » ;
- **Renouvellement spirituel** : La prière ravive l'amour premier, comme appelé dans **Apocalypse 2.4** (Chapitre 6), et brise l'autosuffisance dénoncée à Laodicée (**Apocalypse 3.17**) et ;
- **Protection contre les obstacles** : La prière fortifie l'Église contre la résistance au changement ou l'apathie, obstacles identifiés dans le chapitre 10.

C'est le cas d'une Église qui, après une période de repentance (Chapitre 11), instaure une semaine de prière et de jeûne. Pasteurs, anciens, et membres se réunissent chaque soir pour intercéder pour la réforme, la guérison des blessures passées, et un renouveau spirituel. À la fin, plusieurs membres témoignent d'une nouvelle ferveur, et l'Église commence à voir des conversions. Cette prière collective reflète l'exemple du Branham Tabernacle (Chapitre 8), où la dépendance au Saint-Esprit était centrale.

Pour que la prière soit durable, l'Église doit intégrer des temps réguliers de communion avec Dieu – cultes de prière, groupes de maison, ou moments d'intercession pastorale – comme le berger intercesseur de **Jean 10** (Chapitre 9). **1 Thessaloniciens 5.17** exhorte : « *Priez sans cesse.* »

2. L'Enseignement : Nourrir l'Église avec la saine doctrine

Un redressement spirituel durable repose sur un enseignement ancré dans la Parole de Dieu, qui nourrit l'Église et la protège contre la confusion doctrinale (Chapitre 3). Dans **2 Timothée 4.2**, Paul ordonne à Timothée : « *Prêche la parole, insiste en toute occasion, convaincs, reprends, exhorte, avec toute douceur et un entier enseignement.* » Cet enseignement doit être Christocentrique, fidèle aux Écritures, et appliqué à la vie quotidienne.

L'enseignement joue un rôle clé dans la réforme :

- **Correction des erreurs** : Un enseignement biblique rectifie les distorsions causées par l'homme-centrisme ou les révélations personnelles (Chapitre 5). **Tite 1.9** exige que les anciens soient « *attachés à la vraie parole telle qu'elle a été enseignée, afin d'être capable d'exhorter par la saine doctrine.* » ;
- **Équipement des croyants** : Un enseignement solide forme les membres à discerner la vérité et à exercer leurs dons, comme dans **Éphésiens 4.12**, pour l'édification du corps et ;
- **Prévention des dérives** : En enseignant le modèle biblique de gouvernance et le rôle du pasteur (Chapitres 7 et 9), l'Église évite le retour à l'autoritarisme ou au contrôle.

C'est le cas d'une Église qui lance une série d'études sur la Seigneurie de Christ, basée sur **Colossiens 1.18**. Le pasteur, avec les anciens, enseigne chaque semaine sur des thèmes comme la repentance, la liberté spirituelle, et la gouvernance partagée. Les membres, équipés par cet enseignement, commencent à participer activement, et l'Église retrouve sa vitalité. Cet accent sur la Parole reflète l'approche du Branham Tabernacle (Chapitre 8), où la Bible était centrale.

Pour que l'enseignement soit durable, l'Église doit investir dans des programmes de formation – études bibliques, écoles du dimanche, ou séminaires – et encourager les membres à vérifier les enseignements, comme les Béréens dans **Actes 17:11**.

3. La Formation des responsables : Bâtir des leaders selon le cœur de Dieu

Un redressement spirituel durable nécessite la formation des responsables – pasteurs, anciens, et diacres – pour qu'ils incarnent le modèle biblique de leadership décrit dans les chapitres 7 et 9. Sans leaders formés, l'Église risque de retomber dans les dérives d'autoritarisme ou de manque de reddition de comptes (Chapitre 2). **2 Timothée 2.2** exhorte : « *Ce que tu as entendu de moi [...] confie-le à des hommes fidèles, qui soient capables de l'enseigner aussi à d'autres.* »

La formation des responsables doit inclure :

- **Connaissance biblique** : Les leaders doivent maîtriser les Écritures pour enseigner et guider avec autorité (**Tite 1.9**). Cela inclut une compréhension du modèle de gouvernance partagée et du rôle du berger ;
- **Caractère spirituel** : Les qualifications des anciens et des diacres (**1 Timothée 3.1-13**) mettent l'accent sur l'intégrité, l'humilité, et la maturité. La formation doit cultiver ces qualités à travers la prière et le mentorat et;
- **Compétences pratiques** : Les leaders doivent apprendre à collaborer, à résoudre les conflits, et à gérer les finances avec transparence, évitant les erreurs du passé (Chapitre 4).

C'est le cas d'une Église qui organise un programme de formation pour ses anciens et diacres. Le pasteur enseigne sur **1 Pierre 5.1-4**, tandis qu'un ancien expérimenté partage des conseils pratiques sur la gestion des conflits. Après six mois, les leaders sont mieux équipés, et l'Église adopte une gouvernance partagée, renforçant sa stabilité. Cette formation reflète l'appel du chapitre 7 à une autorité partagée.

Pour assurer la durabilité, l'Église doit identifier et former régulièrement de nouveaux leaders, créant une culture de mentorat où les aînés transmettent leur sagesse aux plus jeunes, comme Paul avec Timothée.

4. Le Retour à la Parole : L'ancrage de la réforme

Le retour à la Parole est la pierre angulaire du redressement spirituel, car la Bible est l'autorité suprême pour la foi et la pratique de l'Église. **Psaume 119.105** déclare : « *Ta parole est une lampe à mes pieds, et une lumière sur mon sentier.* » En revenant à la Parole, l'Église s'aligne avec la volonté de Christ, évitant les traditions humaines ou les visions personnelles qui mènent au sectarisme (Chapitre 5).

Le retour à la Parole implique :

- **Centralité dans la prédication** : Les sermons doivent exposer les Écritures avec clarté, comme Branham au Branham Tabernacle (Chapitre 8), pour nourrir et corriger la communauté (**2 Timothée 3.16-17**) ;
- **Étude personnelle** : Les membres doivent être encouragés à lire et méditer la Bible, renforçant leur discernement (**Actes 17.11**). Cela protège contre la dépendance excessive au pasteur (Chapitre 2) et;
- **Application pratique** : La Parole doit guider les décisions – gouvernance, finances, ministères – pour refléter le modèle biblique (Chapitre 7). **Josué 1.8** promet la réussite à ceux qui méditent et obéissent à la Parole.

C'est le cas d'une Église qui, après une période de confusion doctrinale, adopte une « *année de la Parole.* » Le pasteur prêche des exposés verset par verset, les membres participent à des groupes d'étude biblique, et les anciens évaluent chaque ministère à la lumière des Écritures. Cette immersion dans la Parole transforme l'Église, la rendant plus fidèle et dynamique.

Pour que ce retour soit durable, l'Église doit créer une culture où la Parole est célébrée – à travers des prédications, des formations, et des ressources accessibles – et où les membres sont équipés pour l'appliquer dans leur vie.

5. Mettre en pratique le redressement : Une feuille de route

Comment une Église peut-elle mettre en œuvre ces étapes pour un redressement spirituel durable ?

Voici une feuille de route en cinq actions pratiques, ancrées dans les Écritures :

- **Instaurer une culture de prière** : Organiser des cultes de prière réguliers et encourager la prière personnelle, pour dépendre du Saint-Esprit (**Actes 1.14**). Il faudrait créer un calendrier de prière mensuel avec des thèmes spécifiques ;
- **Développer un enseignement biblique** : Lancer des séries de prédications et des études sur le modèle biblique, pour équiper la communauté (**2 Timothée 4.2**). Il s'agira d'offrir une étude biblique hebdomadaire ouverte à tous ;
- **Former des leaders qualifiés** : Mettre en place un programme de mentorat pour pasteurs, anciens, et diacres, basé sur **1 Timothée 3.1-13**. Il incombe ainsi d'organiser une retraite annuelle pour former les responsables ;
- **Centrer l'Église sur la Parole** : Faire des Écritures l'autorité suprême dans tous les aspects de la vie de l'Église (**Psaume 119.105**). Pour ce faire, il faut concevoir et distribuer des plans de lecture biblique et encourager les discussions sur la Parole et ;
- **Évaluer et ajuster régulièrement** : Créer un comité pour surveiller la réforme, s'assurant que l'Église reste alignée avec les principes bibliques (**2 Corinthiens 13.5**). Il faudra tenir une réunion annuelle pour évaluer les progrès et prier pour la suite.

Dans une Église marquée par l'autoritarisme, le pasteur et les anciens lancent une réforme basée sur ces étapes. Ils instaurent des cultes de prière, enseignent la Parole, forment de nouveaux leaders, et recentrent l'Église sur la Bible. En deux ans, l'Église devient un lieu de renouveau, avec des membres engagés, des ministères florissants, et un témoignage puissant dans la communauté. Cet exemple montre que le redressement, bien que progressif, est réalisable avec un engagement collectif.

6. Conclusion

Les étapes d'un redressement spirituel durable – prière, enseignement, formation des responsables, et retour à la Parole – offrent une feuille de route pour ancrer la réforme de l'Église locale dans les principes bibliques. Pasteurs, responsables, et croyants sont appelés à s'engager dans ce processus avec foi, humilité, et persévérance, pour que l'Église redevienne un lieu où Christ est exalté, le Saint-Esprit agit, et le peuple de Dieu prospère. Ce chapitre conclut la Partie IV en posant les bases d'une Église réformée, prête à accomplir sa mission divine.

QUATRIÈME PARTIE
POUR UNE RÉFORMATION LOCALE

CHAPITRE 13 : LE PASTORAT ET LA GESTION FINANCIÈRE DE L'ÉGLISE

Dans les chapitres précédents, nous avons dénoncé les dérives où le pasteur s'approprie l'Église, entraînant des conséquences spirituelles graves (Chapitres 2–6), et proposé des solutions bibliques comme la gouvernance partagée (Chapitre 7) et le rôle du pasteur comme berger (Chapitre 9). Parmi les domaines où les dérives humaines sont particulièrement visibles, la gestion financière de l'Église locale est un terrain sensible. Lorsqu'un pasteur traite les finances comme sa propriété personnelle, il risque non seulement de compromettre l'intégrité de l'Église, mais aussi de détourner la communauté de son Propriétaire, Jésus-Christ. Une gestion financière saine, en revanche, reflète l'intendance fidèle et soutient la mission divine de l'Église.

Ce chapitre explore le rôle du pasteur dans la gestion financière de l'Église, en s'appuyant sur les principes bibliques d'intégrité, de transparence, et de reddition de comptes. À travers une étude des Écritures, des exemples pratiques, and des applications concrètes, nous montrerons comment le pasteur peut gérer les ressources de l'Église comme un intendant, évitant les abus dénoncés dans les chapitres précédents. Notre objectif est d'équiper pasteurs et responsables pour une gestion financière qui honore Dieu et édifie l'Église locale.

1. Le Pasteur comme Intendant des ressources de Dieu

Les Écritures enseignent que toutes les ressources appartiennent à Dieu, et que le pasteur est un intendant, non un propriétaire. **Psaume 24.1** déclare : « *À l'Éternel la terre et ce qu'elle contient.* » Les offrandes et les dîmes données par les membres sont des dons à Dieu, destinés à soutenir l'œuvre de l'Église, et non à enrichir le pasteur. Dans **1 Corinthiens 4.1-2**, Paul écrit : « *Qu'on nous regarde comme des serviteurs de Christ, et des dispensateurs des mystères de Dieu. Du reste, ce qu'on demande des dispensateurs, c'est que chacun soit trouvé fidèle.* »

Cette fidélité implique de gérer les finances avec intégrité, en évitant la cupidité ou l'abus de pouvoir. Jésus avertit dans **Luc 16.10** : « *Celui qui est fidèle dans les petites choses l'est aussi dans les grandes.* » Un pasteur qui manipule les finances ou les utilise pour son bénéfice personnel trahit son appel et risque de provoquer les conséquences spirituelles décrites dans le chapitre 3, comme la perte de l'onction.

C'est le cas d'un pasteur qui, sous pression financière personnelle, commence à détourner une partie des offrandes pour ses besoins. Les membres, découvrant cette pratique, perdent confiance, et l'Église se divise. Cet abus contraste avec l'intendance fidèle, où le pasteur veille à ce que chaque centime serve la mission de l'Église.

2. La Transparence : Une exigence biblique

La transparence est un pilier de la gestion financière biblique, protégeant l'Église contre les soupçons et les abus. Dans **Actes 6.1-6**, lorsque des murmures surgissent concernant la distribution des ressources, les apôtres nomment des diacres pour gérer les finances avec équité, sous les yeux de la communauté. Cette transparence renforce la confiance et reflète la reddition de comptes décrite dans le chapitre 7.

Un pasteur doit s'assurer que les finances de l'Église sont gérées ouvertement, avec des rapports réguliers accessibles aux membres. **2 Corinthiens 8.20-21** illustre ce principe, où Paul prend des précautions pour que la collecte pour Jérusalem soit au-dessus de tout reproche : « *Nous prenons cette précaution, afin que personne ne nous blâme au sujet de cette abondante collecte.* » Un manque de transparence, en revanche, alimente les dérives comme l'esprit de contrôle (Chapitre 4).

C'est le cas d'une Église où le pasteur et les diacres publient un rapport financier trimestriel, détaillant les dépenses pour les ministères, l'entretien, et l'aide sociale. Les membres, informés, donnent avec joie, et l'Église prospère. Cette transparence contraste avec les pratiques opaques qui mènent à la méfiance.

3. La Reddition de comptes : Une protection contre les abus

La reddition de comptes est essentielle pour empêcher le pasteur de traiter les finances comme sa propriété. Comme vu dans le chapitre 7, la gouvernance partagée avec anciens et diacres assure que personne, pas même le pasteur, n'a un contrôle absolu. **Proverbes 15.22** avertit : « *Les projets échouent, faute de délibération ; mais ils réussissent, quand les conseillers sont nombreux.* »

Dans la pratique, cela signifie que le pasteur ne gère pas les finances seul. Un comité financier, composé de diacres et d'anciens, devrait superviser les budgets, les dépenses, and les collectes, avec des audits réguliers. **1 Timothée 5.19-20** suggère une structure pour traiter les accusations contre les leaders, soulignant l'importance de la justice et de la responsabilité.

C'est le cas d'une Église où un comité financier, incluant deux diacres et un ancien, approuve chaque dépense majeure. Lorsque le pasteur propose d'acheter un nouvel équipement, le comité évalue la nécessité et consulte la communauté. Cette reddition de comptes prévient les abus et renforce l'unité, contrairement aux dérives unilatérales (Chapitre 2).

4. Les Dangers de la mauvaise gestion financière

Une mauvaise gestion financière peut avoir des conséquences graves, comme vu dans le chapitre 3 :

- **Perte de confiance** : Les membres, soupçonnant des abus, cessent de donner ou quittent l'Église ;
- **Compromis spirituel** : La cupidité peut pousser le pasteur à prêcher pour plaire aux donateurs, diluant la vérité (Chapitre 5) ;
- **Jugement divin** : **Malachie 3.8-10** avertit que voler Dieu en retenant les dîmes attire une malédiction, un écho du jugement divin (Chapitre 3).

C'est le cas d'une Église où le pasteur, sans rendre de comptes, dépense les offrandes pour des projets personnels. Les membres, découvrant cela, se divisent, et l'Église perd son témoignage. Ce scénario souligne l'urgence d'une gestion fidèle.

5. Mettre en pratique une gestion financière biblique

Voici cinq étapes pratiques pour une gestion financière qui honore Dieu :

- **Établir un comité financier** : Former un groupe d'anciens et de diacres pour superviser les finances, comme dans **Actes 6.3** en nommant des membres intègres pour ce comité ;
- **Publier des rapports réguliers** : Partager des bilans financiers clairs avec la communauté (**2 Corinthiens 8.21**) en organisant une réunion annuelle pour présenter le budget ;
- **Former à l'intendance** : Enseigner aux membres la gestion biblique des ressources, basée sur **Luc 16.10** en dispensant une étude (enseignement) sur les dîmes et les offrandes ;
- **Mettre en place des audits** : Faire vérifier les comptes par un expert indépendant pour garantir la transparence et ;
- **Prier pour la fidélité** : Consacrer les finances à Dieu en prière, cherchant sa direction (**Matthieu 6.33**) et inclure une prière pour les finances dans chaque culte.

C'est le cas d'une Église qui adopte ces étapes après un scandale financier. Le pasteur, les anciens, et les diacres travaillent ensemble, publient des rapports, et enseignent l'intendance. Les membres, confiants, donnent généreusement, et l'Église finance de nouveaux ministères. Cet exemple montre que la gestion biblique restaure la confiance et la vitalité.

6. Conclusion

La gestion financière de l'Église est une responsabilité sacrée pour le pasteur, qui doit agir comme un intendant fidèle, avec intégrité, transparence, et reddition de comptes. En suivant les principes bibliques, l'Église évite les dérives humaines et devient un témoignage de la fidélité de Dieu. Le chapitre suivant examinera si le pastorat est une succession familiale, pour clarifier un autre aspect clé du leadership.

CHAPITRE 14 : LE PASTORAT D'UNE ÉGLISE LOCALE, EST-CE UNE SUCCESSION FAMILIALE ET/OU HÉRÉDITAIRE ?

Les dérives humaines dans l'Église locale, comme l'appropriation par le pasteur (Chapitre 2) ou l'esprit de contrôle (Chapitre 4), soulèvent des questions sur la nature du pastorat. Une pratique courante dans certaines Églises est la succession familiale, où le rôle de pasteur est transmis de père en fils ou à un membre de la famille, comme une entreprise héréditaire. Si cette pratique peut sembler naturelle dans certaines cultures, elle soulève une question : le pastorat est-il une succession familiale ou héréditaire, ou un appel divin basé sur les qualifications bibliques ? Une mauvaise compréhension de cette question peut mener à l'homme-centrisme (Chapitre 5) et compromettre la mission de l'Église.

Ce chapitre examine si le pastorat d'une Église locale est une succession familiale ou héréditaire, en s'appuyant sur les Écritures et les principes de gouvernance établis dans le chapitre 7. À travers une analyse biblique, des exemples pratiques, et des applications concrètes, nous clarifierons le processus de sélection des pasteurs, mettant l'accent sur l'appel de Dieu, les qualifications bibliques, and la volonté de l'Église. Notre objectif est d'équiper les Églises pour choisir des pasteurs selon le cœur de Dieu, évitant les dérives dynastiques.

1. Le Pastorat comme Appel divin, non héréditaire

Les Écritures présentent le pastorat comme un appel divin, non comme une succession héréditaire. Dans **Éphésiens 4.11**, Paul écrit que Christ « *a donné les uns comme apôtres, les autres comme prophètes, les autres comme évangélistes, les autres comme pasteurs et docteurs* ». Cet appel est un don de Dieu, basé sur sa souveraineté, et non sur la lignée familiale. **Jérémie 3.15** promet : « *Je vous donnerai des bergers selon mon cœur, qui vous paîtront avec connaissance et intelligence.* »

Dans l'Ancien Testament, la prêtrise lévitique était héréditaire, mais le Nouveau Testament rompt avec ce modèle. Le sacerdoce universel des croyants (**1 Pierre 2.9**) et les qualifications des anciens et pasteurs (**1 Timothée 3.1-7**) mettent l'accent sur le caractère et l'appel, non la famille. Un fils de pasteur peut être appelé au pastorat, mais uniquement s'il répond aux critères bibliques, non par droit d'héritage.

Considérons le cas d'une Église où le pasteur, vieillissant, insiste pour que son fils, inexpérimenté et non qualifié, prenne la relève. Les membres, attachés à la famille, acceptent, mais l'Église stagne spirituellement. Cet exemple montre le danger de la succession héréditaire sans appel divin.

Le Prophète William Marrion Branham nous enseigne que la seule volonté des parents ne font pas de leur enfant un ministre de l'Évangile. Il doit être appelé par Dieu :

61-0515 - IL Y A ICI PLUS QUE SALOMON

8 Et ainsi un ministre ne peut pas être ministre parce que son papa et sa mère veulent qu'il soit ministre. Il doit être appelé de Dieu pour être un ministre. Rien ne réjouirait plus mon cœur que de savoir que mon fils Billy Paul était un ministre. Mais l'envoyer à l'école pour faire de lui un ministre, je préférerais qu'il soit un nettoyeur de crachoirs que d'être cela, quelque chose qu'il n'est pas. Voyez-vous ? Excusez cette expression rude. Je n'aurais pas dû dire cela. Voyez-vous ? Ici ça n'a pas l'air bien, mais vous comprenez ce que je veux dire. Je préférerais qu'il ait été autre chose.

52-0713P - LES PREMIÈRES EXPÉRIENCES SPIRITUELLES

11 Eh bien, les dons et les appels, retournons maintenant à ce qu'ils sont. Dieu les met à part. Dieu les place dans l'église selon Sa volonté. Dieu donne souvent selon Sa volonté (Est-ce vrai ?), non pas selon ma volonté, mais selon Sa volonté. Eh bien, si Dieu voulait que je sois un–un membre laïc dans l'église, je serais un meilleur membre laïc plutôt qu'un prédicateur. Voyez ? En effet, je ne ferai que jeter l'opprobre quelque part le long de la ligne, et il y aura quelque chose qui jettera de l'opprobre.

S'Il m'a appelé à être un diacre, ce serait mieux pour moi d'être un diacre que d'être un ministre. Mais s'Il m'a appelé à être un ministre, je ferais mieux d'être un ministre que d'être un membre laïc. Il s'agit de là où Dieu nous a appelés, Il nous place dans l'Église comme Ses serviteurs. Alors, c'est plus convenable pour nous.

Maintenant, j'aimerais vous apporter... Oh ! Cela servant de toile de fond, j'aimerais vous raconter l'expérience de ma vie.

Beaucoup de gens m'ont mal compris, mon cher ami chrétien. Je suis–je suis mal compris aujourd'hui. Je–j'ai essayé de rendre cela aussi clair que possible, mais malgré tout cela, il n'y a aucun moyen du tout pour moi de me faire comprendre par les gens. Ça doit être une révélation venant de Dieu pour comprendre cela. Voyez ?

Eh bien, ce–ce gentleman assis ici, le membre du Congrès des Etats-Unis. Pendant combien de temps avez-vous été au Congrès ? Environ dix-sept ans, n'est-ce pas ? Oui. Neuf ans, huit ans, huit ans, comme membre du Congrès. Vous avez été sénateur, je pense, de la Géorgie, et vous avez occupé beaucoup de hautes fonctions, et vous étiez estropié depuis votre tendre enfance. Comment ai-je connu cet homme-là ? Je n'avais jamais entendu parler de lui. Et Dieu sait qu'avant ce jour-là, je n'avais jamais entendu parler de lui de ma vie. Je n'ai pas besoin d'un membre du Congrès ou d'un homme d'État ou autre. J'ai–j'ai une instruction d'école primaire, et le reste de mon instruction je l'ai acquise avec une houe dans un champ quelque part, ou avec une paire de mulets. Voyez ? Je–je ne connaissais pas grand-chose sur la politique ni rien.

Eh bien, tout ce que je savais là, cette nuit-là, c'était mon fusil dans les bois, mon chien, et une lanterne. J'avais appris qu'il y avait un Créateur, et c'était par des voies surnaturelles. Ensuite, par révélation, par vision, par la puissance, Dieu m'a parlé de la vie de cet homme. Non seulement cela, mais ici chaque soir... Il n'y a pas eu de réunion, de toutes mes réunions, depuis que je suis en Amérique, l'année passée (C'est ce que mon organisateur et mon fils m'ont dit), qui ait été beaucoup plus équilibrée avec une pure puissance de Dieu sans mélange agissant dans l'église plus que ce qu'on a eu ici même à Hammond. Mettez votre doigt sur quoi que ce soit. C'est absolument, chaque fois, parfait. Est-ce vrai ? À voir des choses qui se sont accomplies.

53-0213 - MON ANGE MARCHERA DEVANT TOI

27 Il a donc envoyé premièrement les prophètes, les docteurs, les évangélistes, et... Est-ce juste ? Les dons de langues, l'interprétation, tout cela, c'est pour l'édification de l'Église. Est-ce juste ? Tout, c'est pour édifier l'Église, Dieu les a établis dans l'Église. Qui les a établis ? Ce n'est pas parce que quelqu'un vous a imposé les mains, mais c'est parce que Dieu vous a établi, pas un homme. Dieu a placé dans l'Église... Il a donné...

Très bien, amenez la dame. Eh bien, ces gens qui viennent me sont totalement inconnus. Et maintenant, je veux que chacun de vous ce soir fasse ceci pour moi, car j'ai... Vous voyez, j'attends un appel pour me rendre en Afrique, et cela peut arriver à n'importe quel moment. Et je ne sais pas exactement combien de soirées mon... Nous pourrions séjourner n'importe où, car cela... Il pourrait... Ma vie Lui a été consacrée. Il peut m'appeler dans dix minutes et m'envoyer en Australie ; je partirais, vous voyez, où que ce soit.

2. Les Qualifications bibliques : Le critère principal

Le choix d'un pasteur doit reposer sur les qualifications bibliques, décrites dans **1 Timothée 3.1-7** et **Tite 1.5-9**. Ces critères – irréprochabilité, fidélité conjugale, sobriété, capacité à enseigner, bonne réputation – s'appliquent à tous, indépendamment de la famille. Un fils de pasteur doit démontrer ces qualités, comme tout autre candidat, pour être considéré.

La succession familiale peut ignorer ces qualifications, menant à des leaders non préparés ou motivés par l'ambition plutôt que par l'appel. **1 Samuel 2.12-17** illustre ce danger avec les fils d'Éli, prêtres par héritage, mais corrompus et indignes. Leur échec montre que la lignée ne garantit pas la fidélité.

Un exemple pratique pourrait être une Église qui, après le décès de son pasteur, envisage le fils comme successeur. Les anciens, suivant **1 Timothée 3**, évaluent ses qualifications et constatent qu'il manque de maturité spirituelle. Ils choisissent un autre ancien qualifié, préservant l'intégrité de l'Église. Cette approche reflète la gouvernance biblique du chapitre 7.

3. Les Dangers de la succession familiale

La succession familiale, lorsqu'elle n'est pas guidée par l'appel divin, peut entraîner des dérives :

- **Homme-centrisme** : L'Église devient centrée sur une famille plutôt que sur Christ, un écho du chapitre 5 ;
- **Manque de légitimité** : Un successeur non qualifié peut perdre la confiance des membres, menant à des divisions ;
- **Perpétuation des erreurs** : Si le pasteur précédent avait des pratiques autoritaires, son successeur familial peut les reproduire (Chapitre 2) et ;
- **Négligence de l'appel** : D'autres leaders qualifiés peuvent être ignorés, étouffant les dons de l'Esprit (Chapitre 4).

Un exemple pourrait être une Église où la famille du pasteur monopolise le leadership pendant des générations. Les membres, frustrés par le manque de transparence, quittent l'Église, et le ministère s'effondre. Ce scénario souligne l'importance de suivre les critères bibliques.

4. Le Processus biblique de sélection

Le choix d'un pasteur doit suivre un processus biblique, impliquant la prière, le discernement, et l'accord de la communauté. **Actes 14.23** montre que Paul et Barnabas « *établirent des anciens dans chaque Église, après avoir prié et jeûné* ».

Ce processus inclut :

- **Prière pour l'appel** : L'Église doit chercher la conduite divine (**Actes 1.24-26**) ;
- **Évaluation des qualifications** : Les anciens examinent les candidats selon **1 Timothée 3.1-7** ;
- **Confirmation communautaire** : La communauté participe, comme dans **Actes 6.3**, pour assurer l'unité.

Un exemple positif pourrait être une Église qui, après le départ de son pasteur, prie et jeûne pour discerner son successeur. Les anciens évaluent plusieurs candidats, dont le fils du pasteur, et choisissent un ancien qualifié, non familial, qui répond aux critères bibliques. L'Église prospère sous ce nouveau leadership.

Au sujet du choix, frère Branham dit :

62-0601 — SE RANGER DU CÔTÉ DE JÉSUS

80 Je propose que Frère Neville soit pasteur de l'église, tant que l'église le proposera comme pasteur. Ça, c'est soumis au vote de l'église. Tant qu'il restera fidèle à ce poste, et qu'il demeurera dans la Foi, qu'il désirera venir, qu'il se sentira conduit par le Seigneur, alors, c'est le Seigneur qui le conduit à rester, si l'assemblée exprime la même chose par son vote.

5. Mettre en pratique un choix biblique

Voici cinq étapes pratiques pour sélectionner un pasteur selon le modèle biblique :

- **Prier et jeûner** : Consacrer du temps à chercher la volonté de Dieu (**Actes 14.23**) et organiser une semaine de prière avant la sélection ;
- **Étudier les qualifications** : Former les anciens à évaluer les candidats selon **1 Timothée 3.1-7** et créer une grille d'évaluation basée sur les Écritures ;
- **Impliquer la communauté** : Permettre aux membres de donner leur avis, comme dans **Actes 6.3** en tenant une réunion pour discuter des candidats ;
- **Éviter le favoritisme** : Traiter tous les candidats équitablement, sans privilégier la famille (**Jacques 2.1**) en établissant des critères objectifs pour la sélection et ;
- **Confirmer l'appel** : Ordonner le pasteur avec prière et imposition des mains, comme dans **1 Timothée 4.14** en organisant une cérémonie d'ordination.

Un exemple inspirant pourrait être une Église qui suit ces étapes pour choisir un nouveau pasteur. Après prière et évaluation, un jeune leader, non pas lié forcément à la famille du pasteur précédent, est appelé. Son ministère, marqué par l'humilité et la fidélité, revitalise l'Église.

Frère William Marrion Branham dit:

58-0720E — MISE EN PLACE DES DIACRES

5 Et alors, au cours de cette réunion, le pasteur adjoint a annoncé que nous, qu'un nouveau conseil de diacres allait devoir être élu, que ceux-ci avaient exercé leur mandat et—et qu'ils avaient démissionné; il fallait donc sélectionner d'autres diacres. Maintenant, l'église... La manière de procéder, c'est que le conseil peut désigner des diacres — des hommes qu'ils ont côtoyés et qu'ils considèrent comme des hommes honorables et justes.

6. Conclusion

Le pastorat n'est pas une succession familiale ou héréditaire, mais un appel divin basé sur les qualifications bibliques et la volonté de Dieu. En suivant un processus de sélection guidé par la prière, l'Église évite l'homme-centrisme et honore Christ, son Propriétaire. Le chapitre suivant explorera la relation entre le pasteur et les ministres de l'Évangile, pour une collaboration fructueuse dans l'Église locale.

CHAPITRE 15 : LA RELATION ENTRE LE PASTEUR ET LES MINISTRES DE L'ÉVANGILE DANS L'ÉGLISE LOCALE

Les dérives dans l'Église locale, comme l'autoritarisme ou l'esprit de contrôle (Chapitres 2 et 4), affectent non seulement les membres, mais aussi les ministres de l'Évangile – évangélistes, enseignants, prophètes, ou autres leaders – qui servent aux côtés du pasteur. Une relation malsaine entre le pasteur et ces ministres peut étouffer les dons spirituels, créer des rivalités, ou compromettre la mission de l'Église. En revanche, une collaboration harmonieuse, fondée sur les principes bibliques, renforce l'unité et permet à l'Église de prospérer sous la Seigneurie de Christ.

Ce chapitre explore la relation entre le pasteur et les ministres de l'Évangile dans l'Église locale, en s'appuyant sur **Éphésiens 4.11-12** et d'autres textes bibliques. Nous examinerons comment le pasteur peut encourager, coordonner, and collaborer avec les ministres, tout en évitant les pièges de la jalousie, du contrôle, ou de la marginalisation. À travers une analyse des Écritures, des exemples pratiques, et des applications concrètes, nous proposerons un modèle de relation qui reflète l'unité du Corps de Christ. Notre objectif est de promouvoir une Église locale où chaque ministre est valorisé, pour la gloire de Christ, le Propriétaire.

1. Le Pasteur et les Ministres : Une équipe au service de Christ

Dans **Éphésiens 4.11-12**, Paul décrit les ministères donnés par Christ : « *Il a donné les uns comme apôtres, les autres comme prophètes, les autres comme évangélistes, les autres comme pasteurs et docteurs, pour le perfectionnement des saints en vue de l'œuvre du ministère.* » Ces rôles sont complémentaires, chacun contribuant à l'édification de l'Église. Le pasteur, souvent le leader principal, n'est pas au-dessus des autres ministres, mais coordonne leurs efforts sous l'autorité de Christ, comme vu dans le chapitre 7.

Cette relation doit être marquée par l'unité et la soumission mutuelle, comme exhorté dans **Éphésiens 5.21** : « *Soumettez-vous les uns aux autres dans la crainte de Christ.* » Le pasteur doit reconnaître les dons des ministres, tandis que ceux-ci respectent son rôle de berger (Chapitre 9).

Un exemple concret pourrait être une Église où le pasteur marginalise un évangéliste talentueux, craignant qu'il ne prenne sa place. Les tensions divisent l'Église, et le ministère stagne. Cet exemple montre le danger d'un pasteur qui contrôle plutôt que de collaborer, un écho de l'esprit de contrôle (Chapitre 4).

William Marrion Branham insister sur le fait que les dons et les ministères doivent travailler de concert pour l'avancement de l'église de Dieu.

54-0103E — QUESTIONS ET RÉPONSES #2

23 Mais par contre, pour ce qui est de l'enseignement de l'Écriture, il faut quelqu'un qui est oint du Saint-Esprit. C'est vrai. Et Dieu a mis l'Église en ordre par des apôtres et des prophètes, et des dons de guérison, et de miracles, et ainsi de suite. C'est Lui qui a mis l'Église en ordre, et Il y a placé les docteurs, et ainsi de suite, pour guider et diriger Son Église. Et ce matin, nous, comme nous le disions : Jésus est au-dessus de la terre, alors que Son corps... Dès que Son corps bouge, c'est exactement comme une ombre qui se reflète sur la terre, celle-ci bouge en même temps que lui.

60-0729 - CE QU'IL FAUT POUR TRIOMPHER DE TOUTE INCRÉDULITÉ : NOTRE FOI

16 Maintenant, ensuite il y a ces autres dons que l'Église reçoit. Eh bien, après le pasteur, il y a donc des évangélistes qui viennent. Et ensuite viennent des docteurs, et puis viennent des prophètes. Et puis viennent des apôtres. Tous ceux-ci travaillent de concert avec les dons, et gardent l'Église parfaite, pure et prête pour la Venue du Seigneur. Et quand un certain âge de l'église s'endort, dans l'attente du Seigneur, le second âge de l'église s'endort, ainsi de suite jusqu'à la septième veille, peu importe le nombre d'âges qui se sont endormis, ils se réveilleront tous à la Venue du Seigneur, et ils seront ensemble enlevés avec ceux qui sont vivants et qui seront restés, à la rencontre du Seigneur dans les airs. Et nous attendons ce jour glorieux, et je crois que si Dieu nous aide, avant la fin de la semaine, je–je crois que nous verrons plus clairement qu'avant. J'espère que mes yeux sont aussi ouverts à bien des choses, car je suis ici pour apprendre comme vous tous. Je suis ici pour tirer de vous quelque chose qui–qui m'aidera.

Bien des gens pensent que l'évangéliste n'a besoin d'aucune aide. Vous vous trompez. Il a besoin de plus d'aide que toute l'assemblée, car il se tient entre l'ennemi et l'assemblée.

53-0614E - JE VOIS QUE TU ES PROPHÈTE

9 Maintenant, vous ne pouvez pas les guérir. Personne d'autre ne peut les guérir. Ils doivent accepter leur guérison comme étant le don gratuit de Dieu pour eux. Il a été blessé pour nos péchés, c'est par Ses meurtrissures que nous avons été guéris. Alors, voyez, il n'y a rien du tout que l'on puisse faire en rapport avec le salut ou la guérison divine. Il s'agit de la foi de l'individu en Christ. Eh bien, pour susciter cette foi en Christ, il y a des prédicateurs. C'est la chose la plus importante aujourd'hui, un bon prédicateur envoyé de Dieu. Je les apprécie. Et leur don dépasse tout ce que l'on peut faire dans n'importe quel domaine, être un prédicateur, un homme qui sait dispenser correctement la Parole de Dieu. C'est le plus merveilleux don qu'il y a au monde, celui d'être un prédicateur. Il est un...Il était un prophète moderne du Nouveau Testament, un prédicateur. « Prophétiser » signifie « prédire », ou révéler une chose personnelle. En d'autres termes, si vous lisez la Bible, et que vous vous mettez à révéler... C'est donc un docteur. Voyez ? Mais « prophétiser », c'est témoigner ou prédire. Très bien. Maintenant... Et l'Esprit de Christ, c'est la prophétie.

10 Eh bien, dans cette Église où nous sommes aujourd'hui, et dans ces circonstances, un prédicateur peut s'avancer et vous expliquer le salut ; si vous acceptez cela, alors vous êtes sauvé. Or, tout ce que ce prédicateur a pu faire pour vous sauver, c'était vous expliquer cela. Eh bien, le seul moyen par lequel un homme puisse vous amener à être guéri, c'est vous expliquer cela par la Bible, de façon tellement parfaite que vous pouvez voir cela, croire cela et être–et accepter votre guérison et être guéri. Est-ce vrai ? C'est le seul moyen : par la prédication. Maintenant, la chose suivante sera... Eh bien, je sais cela. Je crois que tout celui qui crie n'a pas le salut. Je crois qu'il y en a beaucoup qui crient qui ne sont pas sauvés. Cependant, cela est l'un des attributs du salut, crier.

59-0712 — UNE DÉLIVRANCE TOTALE

78 Eh bien, regardez ce qu'Il fait pour nous dans l'état où nous sommes. Qu'est-ce qu'Il ferait si nous étions d'un même cœur et d'un même accord ? Le seul moyen pour nous d'y arriver, c'est d'unifier nos cœurs dans l'amour fraternel, d'obéir aux frères qui occupent des fonctions dans l'église, et au pasteur, et le pasteur, d'obéir à Dieu. Alors Dieu agit à travers le pasteur, à travers le conseil, jusque dans l'église, et tous ensemble, nous formons un seul bloc pour le Royaume de Dieu. Alors Dieu exaucera, quand nous aurons un groupe unifié. Ne laissez rien vous nuire. Ne vous effrayez de rien.

56-0408 - QU'EST-CE QU'UNE VISION ?

17 Or, je pense (Et je dis ceci du fond de mon cœur) que la forme la plus élevée et la plus glorieuse qu'il y a pour Dieu d'apporter Son Message à Son peuple, c'est que les gens croient Sa Parole. C'est vrai. La forme la plus élevée : la prédication de l'Évangile...?... c'est la forme la plus élevée. Ensuite, si vous remarquez bien, la Bible le présente comme ça. Premièrement, les apôtres ; deuxièmement, les prophètes et ainsi de suite ; puis, ça continue, ça continue, jusqu'aux neuf dons spirituels qui opèrent dans le... dans chaque corps local.

2. Encourager les dons des ministres

Le pasteur est appelé à encourager les dons des ministres, permettant à chacun de contribuer selon l'appel de Dieu. **1 Corinthiens 12.4-7** enseigne : « *Il y a diversité de dons, mais le même Esprit. [...] À chacun la manifestation de l'Esprit est donnée pour l'utilité commune.* » En valorisant les ministères, le pasteur évite l'oppression des dons spirituels (Chapitre 3) et enrichit l'Église dans plusieurs domaines.

Encourager implique de donner aux ministres des opportunités de servir – prêcher, enseigner, ou organiser des événements – et de les soutenir par la prière et le mentorat. **1 Thessaloniciens 5.11** exhorte : « *Exhortez-vous réciproquement, et édifiez-vous les uns les autres.* »

Un exemple pratique pourrait être un pasteur qui invite un jeune prophète à partager une parole lors d'un culte. Il le guide avant et après, l'aidant à grandir dans son ministère. Cet encouragement renforce l'unité et dynamise l'Église, contrairement au contrôle qui étouffe (Chapitre 4).

3. Coordonner sans contrôler

Le pasteur doit coordonner les ministères sans tomber dans le contrôle excessif. Comme vu dans le chapitre 7, la gouvernance partagée repose sur la collaboration. Le pasteur agit comme un chef d'orchestre, harmonisant les dons des ministres pour un impact maximal, tout en respectant leur autonomie spirituelle.

Actes 15.22-28 montre les apôtres et les anciens travaillant ensemble, sous la direction du Saint-Esprit, pour prendre des décisions. De même, le pasteur doit consulter les ministres, écouter leurs visions, and intégrer leurs contributions, évitant l'esprit de contrôle (Chapitre 4).

Un exemple pourrait être une Église où le pasteur organise une réunion mensuelle avec les ministres pour planifier les activités. Un enseignant propose une école biblique, et le pasteur l'appui, déléguant la direction tout en offrant un suivi. Cette coordination fructueuse contraste avec les décisions unilatérales (Chapitre 2).

4. Les Pièges à éviter

Plusieurs pièges peuvent compromettre la relation entre le pasteur et les ministres :

- **Jalousie** : Le pasteur peut craindre que les ministres, plus charismatiques, éclipsent son autorité, menant à la marginalisation ;
- **Contrôle excessif** : Le pasteur peut imposer ses idées, étouffant les dons, comme dénoncé dans le chapitre 4 et ;
- **Rivalités** : Les ministres peuvent rivaliser pour l'attention, créant des divisions, un écho du chapitre 5.

Philippiens 2.3 avertit : « *Ne faites rien par esprit de parti ou par vaine gloire, mais que l'humilité vous fasse regarder les autres comme étant au-dessus de vous-mêmes.* » Le pasteur et les ministres doivent cultiver l'humilité pour éviter ces pièges.

Un exemple négatif pourrait être une Église où le pasteur, jaloux du succès d'un évangéliste, limite ses interventions. L'évangéliste, frustré, quitte l'Église, et le ministère s'affaiblit. Cet exemple montre l'impact des relations malsaines.

Le Prophète William Marrion Branham nous édifie que dans une église, chaque ministère, chaque don a sa place et personne ne peut prendre la place d'une autre personne.

65-0206 - LES PORTES DANS LA PORTE

49 Quand Mme Aimee Semple McPherson, quand elle était ici sur terre, dans son ministère, on raconte que presque chaque femme prédicateur portait ces histoires semblables aux ailes, vous savez, ou comme des toges, et portait la Bible. Regardez tout simplement les Billy Graham qu'il y a dans le pays aujourd'hui. Mais, vous savez, Billy Graham ne peut jamais prendre votre place. Je - je ne peux pas prendre la place de Billy; il ne peut pas prendre la mienne. Je ne peux pas prendre la vôtre, et vous ne pouvez pas prendre la mienne. Vous êtes un individu en Dieu. Dieu vous a créé tel que vous êtes dans un but. Si seulement nous pouvions trouver notre place, et ensuite y demeurer. Si donc nous essayons de faire quelque chose de différent, alors (voyez?) nous sommes - nous sommes sur le territoire de quelqu'un d'autre, et nous faussons simplement l'image de Dieu.

50 Prenons par exemple Billy Graham dans le monde dénominationnel aujourd'hui, tel qu'il est, supposons qu'il soit un joueur de football, c'est lui qui a le ballon. Or, si vous cherchez à arracher le ballon à votre propre coéquipier, vous semez la discorde dans votre équipe. Protégez votre coéquipier. Voyez? Continuez à le protéger, retenez les autres afin que lui puisse filer. Et nous aurons un toucher après quelques instants, et Jésus viendra, et alors tout sera fini. Que le Seigneur vous bénisse.

5. Mettre en pratique une collaboration fructueuse

Voici cinq étapes pratiques pour une relation harmonieuse entre le pasteur et les ministres :

- **Reconnaître les dons** : Identifier et célébrer les ministères de chacun, comme dans 1 **Corinthiens 12.4-7** et organiser une réunion pour découvrir les dons des membres ;
- **Encourager la participation** : Donner aux ministres des rôles actifs dans les cultes et les ministères (**1 Thessaloniciens 5.11**) et inviter un ministre à prêcher une fois par mois ;
- **Coordonner en équipe** : Tenir des réunions régulières pour planifier et prier ensemble (**Actes 15.28**) en mettant en place un conseil pastoral avec les ministres ;
- **Cultiver l'humilité** : Enseigner et modeler l'humilité pour éviter la jalousie (**Philippiens 2.3**) et organiser une étude sur l'unité dans le Corps de Christ et ;
- **Prier pour l'unité** : Intercéder pour une collaboration fructueuse, comme Jésus dans Jean 17:21 en consacrant un temps de prière mensuel pour les ministres.

Un exemple positif pourrait être une Église où le pasteur travaille en étroite collaboration avec un évangéliste, un enseignant, et un prophète. Ils planifient ensemble les cultes, partagent les responsabilités, and prient pour l'unité. L'Église prospère, avec des ministères variés et un témoignage puissant. Cet exemple illustre une collaboration qui honore Christ.

6. Conclusion

La relation entre le pasteur et les ministres de l'Évangile doit être marquée par l'encouragement, la coordination, and l'humilité, pour que l'Église locale reflète l'unité du Corps de Christ. En valorisant les dons de chacun, le pasteur évite les dérives humaines et permet au Saint-Esprit d'agir librement. La conclusion générale appellera à une mobilisation collective pour appliquer ces principes, restituant l'Église à Christ.

CONCLUSION GÉNÉRALE

RENDRE L'ÉGLISE À CHRIST – UN APPEL À LA RÉFORME ET À L'ESPÉRANCE

À qui appartient l'Église ? À Dieu ou au Pasteur ? Cette question, posée dès le premier chapitre et inscrite dans le titre de ce livre, a guidé notre voyage spirituel à travers les défis, les dérives, et les promesses de l'Église locale. Au fil de 15 chapitres, nous avons confronté une réalité troublante : trop souvent, l'Église, qui appartient à Jésus-Christ, son Propriétaire légitime (**Colossiens 1.18**), a été usurpée par des pasteurs ou des institutions humaines. Pourtant, nous avons aussi découvert un chemin d'espoir : par la repentance, les solutions bibliques, et une réforme audacieuse, l'Église peut être rendue à Christ, devenant un phare de vérité, d'amour, et de puissance dans un monde brisé.

1. Réponse à la question fondamentale

Le Chapitre 1 (*À qui appartient l'Église ? À Dieu ou au Pasteur ?*) a posé la fondation biblique en affirmant que l'Église est la propriété exclusive de Christ, achetée par son sang (**Actes 20.28**). Il a dénoncé l'appropriation humaine comme une offense à la Seigneurie de Christ, préparant le terrain pour analyser les dérives qui en découlent.

La deuxième partie traitant *des dérives humaines dans l'Église locale* (Chapitres 2–6) a exploré comment les pasteurs usurpent la place de Christ.

Le Chapitre 2 : *Quand le Pasteur se prend pour le Propriétaire* a montré comment l'autoritarisme pastoral, motivé par l'orgueil ou l'insécurité, impose des fardeaux oppressifs, détournant l'Église de Christ (**1 Corinthiens 3.4-7**).

Le Chapitre 3 : *Les Conséquences spirituelles de l'appropriation par le Pasteur* a détaillé les effets dévastateurs : perte de l'onction, confusion doctrinale, divisions, et retrait du Saint-Esprit, comme les bergers infidèles d'**Ézéchiel 34.1-10**.

Le Chapitre 4 : *L'Esprit de contrôle – Une menace silencieuse* a révélé une dérive subtile où le pasteur manipule les membres, étouffant leur liberté en Christ (**Galates 5.1**).

Le Chapitre 5 : *Église ou Secte ? Là où le discernement est vital* a distingué une Église centrée sur Christ d'un groupe sectaire centré sur le pasteur, offrant des critères bibliques pour le discernement (**1 Corinthiens 2.2**).

Enfin, le Chapitre 6 : *Quand Dieu quitte un lieu qu'on appelle "Église"* a analysé les signes d'une Église ayant perdu la Présence divine, comme à Laodicée (**Apocalypse 3.16**), et appelé à la repentance pour la restauration.

La Partie III : *Les Solutions face aux dérives humaines* (Chapitres 7–12) a proposé des réponses bibliques pour rendre l'Église à Christ.

Le Chapitre 7 : *Les Anciens, les Diacres et le Pasteur : Une Église équilibrée* a présenté le modèle de gouvernance partagée, où anciens, diacres, et pasteur collaborent sous l'autorité de Christ, évitant l'appropriation (**1 Timothée 3.1-13**).

Le Chapitre 8 : *Ce que Frère Branham a enseigné et pratiqué au Branham Tabernacle* a offert l'exemple historique d'une Église équilibrée, centrée sur la Parole et l'Esprit, montrant comment rester fidèle à Christ (**Actes 17.11**).

Le Chapitre 9 : *Le rôle du Berger selon le cœur de Dieu* a redéfini le pasteur comme un berger – guide, intercesseur, exemple, et sacrifice – servant Christ, non dominant l'Église (**Jean 10.11**).

Le Chapitre 10 : *Le Pastorat et la gestion financière de l'Église* a souligné l'intégrité, la transparence, et la reddition de comptes dans la gestion des ressources, pour honorer Christ comme Propriétaire (**2 Corinthiens 8.20-21**).

Le Chapitre 11 : *Le Pastorat d'une Église locale, est-ce une succession familiale et/ou héréditaire ?* a clarifié que le pastorat est un appel divin, non un héritage familial, basé sur les qualifications bibliques, évitant l'homme-centrisme (**1 Timothée 3.1-7**).

Le Chapitre 12 : *La Relation entre le Pasteur et les ministres de l'Évangile dans l'Église locale* a promu une collaboration harmonieuse entre pasteur et ministres, valorisant les dons pour l'édification de l'Église sous Christ (**Éphésiens 4.11-12**).

La Partie IV : *Pour une réformation locale* (Chapitres 13–15) a transformé ces solutions en un appel vibrant à la réforme.

Le Chapitre 13 : *L'Appel à un retour au modèle biblique de l'Église* a exhorté à revenir à une Église centrée sur Christ, gouvernée avec humilité, et animée par l'Esprit, surmontant les obstacles comme la résistance ou l'apathie (**Actes 2.42-47**).

Le Chapitre 14 : *Restituer l'Église à Christ a détaillé comment rendre l'Église à son Propriétaire* par la repentance, la reconnaissance des erreurs, la libération du peuple, et l'élévation de la Seigneurie de Jésus (**2 Chroniques 7.14, Jean 8.36**).

Enfin, le Chapitre 15 : *Les Étapes d'un redressement spirituel durable* a offert une feuille de route pratique, axée sur la prière, l'enseignement, la formation des responsables, et le retour à la Parole, pour ancrer la réforme dans la fidélité à Christ (**2 Timothée 3.16-17**).

2. Une Urgence spirituelle : Pourquoi agir maintenant ?

L'appel à rendre l'Église à Christ n'est pas une réflexion théorique ; c'est une urgence spirituelle. Comme Jésus l'a averti dans **Apocalypse 2.5**, une Église qui s'écarte de son premier amour risque de perdre son chandelier – sa lumière et sa Présence divine. Dans un monde marqué par la confusion morale, l'individualisme, et la méfiance envers les institutions, l'Église locale doit se lever comme un témoignage vivant de la gloire de Dieu. **Matthieu 5.16** nous exhorte : « *Que votre lumière luise ainsi devant les hommes, afin qu'ils voient vos bonnes œuvres, et qu'ils glorifient votre Père qui est dans les cieux.* »

Cette urgence est amplifiée par les conséquences des dérives humaines. Lorsque le pasteur s'approprie l'Église, il impose des fardeaux oppressifs, étouffe les dons spirituels, et compromet le témoignage de l'Évangile (Chapitre 3). Lorsque l'esprit de contrôle ou le sectarisme domine, l'Église devient une caricature de sa vocation, repoussant ceux qui cherchent Dieu (Chapitres 4–5). Une gestion financière opaque, un pastorat dynastique, ou des rivalités entre ministres aggravent ces fractures (Chapitres 10–12). Pourtant, l'espoir demeure. Les Écritures, de **Actes 2.42-47** à **Colossiens 1.18**, nous rappellent que l'Église peut être un lieu où Christ règne, où le Saint-Esprit agit librement, et où les croyants prospèrent dans l'unité et l'amour.

3. Un Appel à la repentance collective

Rendre l'Église à Christ commence par un acte d'humilité collective : la repentance. Pasteurs, anciens, diacres, et croyants doivent s'unir pour confesser les erreurs du passé – l'usurpation de l'autorité de Christ, l'oppression des membres, les compromis doctrinaux, ou la négligence spirituelle. **2 Chroniques 7.14** promet : « *Si mon peuple [...] s'humilie, prie, et se détourne de ses mauvaises voies, je l'exaucerai des cieux, je pardonnerai son péché, et je guérirai son pays.* » Cette repentance n'est pas un fardeau, mais une porte vers la grâce, libérant l'Église des chaînes humaines.

Pasteurs, examinez votre cœur. Avez-vous agi comme des propriétaires plutôt que des intendants, comme dénoncé dans le chapitre 2 ? Avez-vous contrôlé plutôt que guidé, comme dans le chapitre 4 ? Anciens et diacres, avez-vous soutenu des pratiques non bibliques par votre silence, ou négligé la transparence financière (Chapitre 10) ? Croyants, avez-vous toléré la tiédeur ou abandonné votre premier amour, comme à Éphèse (Chapitre 6) ? Comme David dans **Psaume 51.10**, prions ensemble : « *O Dieu, crée en moi un cœur pur, renouvelle en moi un esprit bien disposé.* » Cette repentance collective est le premier pas vers une Église restaurée, où Christ est exalté comme Seigneur.

4. Une Vision pour l'Église réformée

Imaginez une Église locale où Jésus-Christ est au centre – dans chaque sermon, chaque culte, et chaque décision, comme appelé dans les chapitres 1 et 5. Une Église où les anciens, diacres, et pasteurs collaborent avec humilité, partageant l'autorité sous la direction du Saint-Esprit, comme dans **Actes 15** (Chapitre 7). Une Église où les finances sont gérées avec transparence, reflétant l'intendance fidèle au Propriétaire divin (Chapitre 10). Une Église où le pastorat est un appel divin, non une dynastie familiale, assurant des leaders qualifiés selon **1 Timothée 3.1-7** (Chapitre 11). Une Église où les ministres de l'Évangile – évangélistes, prophètes, enseignants – servent en harmonie avec le pasteur, enrichissant le Corps de Christ, comme dans **Éphésiens 4.11-12** (Chapitre 12).

Dans cette Église réformée, les membres sont libres d'exercer leurs dons, comme dans **1 Corinthiens 12.7**, sans crainte d'oppression ou de contrôle (Chapitres 4, 14). La prière est fervente, l'enseignement est ancré dans la Parole, et les responsables sont formés pour guider avec intégrité, comme proposé dans le chapitre 15. Les cultes débordent de la Présence divine, les conversions abondent, et le témoignage de l'Église attire ceux qui cherchent la vérité, à l'image du Branham Tabernacle (Chapitre 8). Cette vision n'est pas un rêve utopique ; c'est le plan de Dieu pour son Église, réalisable lorsque nous Lui rendons ce qui est à Lui.

5. Une Feuille de route pour l'action

Comment pouvons-nous répondre à cet appel ? Les 15 chapitres ont offert une feuille de route claire, que nous résumons en cinq engagements pratiques :

- **Recentrer sur Christ** : Faites de Jésus le centre de l'adoration, de la prédication, et de la gouvernance, comme exhorté dans **Colossiens 1.18** (Chapitres 1, 5, 14). Organisez des cultes et des études qui exaltent sa Seigneurie ;
- **Restaurer la gouvernance biblique** : Adoptez une structure partagée avec anciens et diacres, avec transparence financière et un pastorat basé sur l'appel divin, non l'hérédité (Chapitres 7, 10, 11). Formez des leaders qualifiés selon **1 Timothée 3.1-13** (Chapitres 9, 15) ;
- **Libérer le peuple** : Supprimez les contrôles oppressifs, encouragez les dons spirituels, et restaurez la liberté en Christ, comme promis dans **Jean 8.36** (Chapitres 3, 4, 12, 14). Invitez chaque membre à contribuer à la mission de l'Église ;
- **S'enraciner dans la Parole** : Faites des Écritures l'autorité suprême, nourrissant l'Église par un enseignement fidèle, comme les Béréens dans **Actes 17.11** (Chapitres 8, 15). Encouragez l'étude personnelle et collective et ;
- **Dépendre du Saint-Esprit** : Consacrez l'Église à la prière et au jeûne, cherchant la puissance et la direction de l'Esprit, comme à la Pentecôte dans **Actes 1.8** (Chapitres 12, 15). Organisez des temps réguliers de communion avec Dieu.

Ces engagements, appliqués avec foi et persévérance, transformeront l'Église locale en un lieu où la gloire de Christ rayonne, où les brebis prospèrent, et où le monde rencontre l'amour de Dieu.

6. Un mot d'espoir : La promesse de Christ

Alors que nous concluons ce livre, rappelons-nous la promesse de Jésus dans **Matthieu 16.18** : « *Je bâtirai mon Église, et les portes du séjour des morts ne prévaudront point contre elle.* » Malgré les dérives, les erreurs, et les échecs, Christ reste le bâtisseur fidèle de son Église. Il n'a pas abandonné son peuple, et Il continue d'appeler chaque Église locale à se lever, à se repentir, et à se réformer. Le Saint-Esprit, qui a agi puissamment à la Pentecôte, est prêt à raviver nos communautés si nous nous humilions devant Lui.

Pasteurs, responsables, et croyants, le moment est venu. Rendez l'Église à Christ. Rejetez l'orgueil, l'autoritarisme, et l'autosuffisance. Embrassez l'humilité, la collaboration, et la dépendance à l'Esprit. Que votre Église locale devienne un témoignage vivant de la Seigneurie de Jésus, un lieu où les perdus trouvent refuge, où les blessés sont guéris, et où la gloire de Dieu est manifestée. Comme le Branham Tabernacle nous l'a montré (Chapitre 8), une Église centrée sur la Parole et l'Esprit peut changer des vies et influencer des générations.

Que cet appel résonne dans vos cœurs : **À qui appartient l'Église ? À Dieu !** Que votre repentance allume un feu de renouveau, que votre obéissance bâtisse une Église fidèle, et que votre foi inspire un réveil spirituel qui s'étende bien au-delà de vos murs. À Christ seul soit la gloire, maintenant et pour l'éternité. Amen.

TABLE DES MATIÈRES

Printed by Books on Demand GmbH, Norderstedt / Germany